日本管理会計学会
企業調査研究プロジェクト シリーズ No.5

日本の多国籍企業の管理会計実務
――郵便質問票調査からの知見――

Management Accounting Practices among Japanese MNEs : Findings from a Mail Questionnaire Survey

上埜　進　編著

Susumu Ueno, Editor

税務経理協会

日本管理会計学会　多国籍企業研究委員会
共同研究者一覧（掲載順）

上埜　　進（甲南大学教授）　　　　　　　第1章

椎葉　　淳（大阪大学准教授）　　　　　　第2章

長坂　悦敬（甲南大学教授）　　　　　　　第3章

朝倉　洋子（大阪国際大学准教授）　　　　第4章

杉山　善浩（甲南大学教授）　　　　　　　第5章

企業調査研究委員会本部委員長からのご挨拶

　本書は、日本管理会計学会が実施している企業調査研究プロジェクトの成果の一環を公刊したものです。

　本学会は1987年に学術研究団体として創設された日本数理会計学研究会（1989年に日本数理会計学会に名称を変更）を母体として1991年に設立され、21世紀の初頭には日本学術会議法に基づく会計学関連学会のなかで規模においても有数の学会の一つにまで進展してまいりました。

　本研究プロジェクトは、2000年11月の本学会の常務理事会において実施することが決定され、片岡洋一本学会理事長（当時）を委員長とする「企業調査研究委員会本部」が組織され、そのもとで研究領域別・テーマ別に研究を実施する専門委員会が設置されることになりました。

　本研究プロジェクトは、わが国の主要企業および特徴のある企業の管理会計と経営管理の実務の現状を総合的・包括的に調査・研究し、その実態を解明することにより、企業の再生の条件を科学的・実証的視点から探求することを主たる目的としており、広く管理会計および経営管理の実用的な理論と技法を提案することを意図しております。

　本研究プロジェクトは、当初は本学会の創立10周年（2001年）を記念する事業として企画され、3年程度で完結させる予定でした。しかしその後、31という多数の専門委員会が組織されましたので、それぞれが独自の研究計画のもとで研究を開始し、必要にして十分な研究期間にわたって研究を実施し、完了した段階で、順次、研究成果を専門書のシリーズとして公表する方式に切り替えることにし、本研究プロジェクトを長期にわたり継続させる方針を採ることにいたしました。

　研究の具体的な遂行にあたっては、「企業調査研究委員会本部」のもとに

「総括委員会」（委員長　原田　昇教授）を置き、本研究プロジェクトの全体を総括し推進する業務を委任しております。各専門委員会の研究成果は「企業調査研究委員会本部」により監修、編集および査読され（本書末尾掲載「監修・編集の方針と基準」参照）、「同本部」の依頼により印刷され、刊行されます。したがって、出版社から発注される通常の専門書の印刷とは全く異なる方式で出版されます。本書も以上述べた手続きを経て出版が決定されました。

　本研究プロジェクトの遂行にあたっては、計画段階より倉重英樹氏（本学会前副理事長、㈱RHJI インダストリアル・パートナーズ・アジア　代表取締役社長）および中根　滋氏（本学会前常務理事、UWiN 株式会社　代表取締役社長兼 CEO）より格別のご厚意をもって研究助成を頂きました。このおふた方のご尽力が無ければ本研究プロジェクトは今日存在しえなかったといえます。ここに深く御礼を申し上げます。

　さらに目白大学の佐藤弘毅理事長・学長には、2002年から強力なるご支援とご協力を頂きました。ここに深甚な謝意を表します。

　本研究プロジェクトの研究成果を逐次刊行して市販していただくにあたり、税務経理協会の大坪嘉春社長および書籍企画部峯村英治部長には格別のご配慮を頂きました。本書の印刷については株式会社冨山房インターナショナルの坂本嘉廣会長に特別にご協力を頂きました。これらの方々に心よりの感謝の意を表する次第です。

　　2007年3月14日

日本管理会計学会　会　長（1991～1999）
理事長（1999～2005）
企業調査研究委員会本部委員長

片　岡　洋　一

#　は　し　が　き

　実務としての管理会計は企業がビジネスを展開するに際して必要とする情報を提供するプラットホームの中核部分をなす．このため，管理会計技法の選択ならびにそのアウトプット情報の活用の巧拙は，ビジネス・プロセスの効果性と効率性を規定することとなる．こうした重要な機能を担う管理会計が日本の多国籍企業でどのように展開・活用されているかを明らかにすることが，本書の目的である．

　市場経済の地球規模での浸透により，多国籍企業では海外子会社の活動が年々そのウエイトを増している．しかし，多国籍環境にある企業が管理会計の共有知識といえる諸技法をどのように選択し利用しているかについての調査が充分であるとは言い難い．そこで，本書の執筆者は，日本管理会計学会が創立10周年（2001年）に企画した「企業調査研究プロジェクト」の一環として，多国籍企業管理会計の研究を共同で進めることとした．2002年に日本管理会計学会多国籍企業研究委員会（上埜　進委員長，長坂悦敬副委員長，杉山善浩委員，椎葉　淳委員，朝倉洋子委員）を組織し，以来，多国籍企業の経営管理実務に焦点を当てて，調査・研究を進めてきた．その成果の一端が本書である．

　同委員会で取り組んだ研究ドメインは，委員会構成員の関心を反映させ，①親会社・海外子会社間の権限の位置関係，②国際移転価格の役割，③海外子会社でのIT投資，④海外子会社での業績評価，⑤多国籍環境での投資決定法，⑥国際化・多国籍化の程度の6つであり，本書がとりあげる研究ドメインは，その中の①から⑤である．以下に，それらを章構成に則して紹介する．

　『**日本の多国籍企業における管理会計実務**――**概観ならびに分析**――』と題する第1章（上埜　進執筆）は，序章としての機能も担っており，本書が対象とする①から⑤の研究ドメイン全てをとりあげる．この意味で本書を概観する．

しかし，同章は本質的に研究論文であり，研究ドメイン毎のリサーチ・クェスチョンを析出し，それらを経験的データに則して検討ないし検証するものである．その際に多様な視点から各課題にアプローチする．なお，同章執筆者が最も関心を寄せたのは，親会社が海外子会社に権限をどれほど委譲しているかという権限の位置関係の視点である．2005年に公布された会社法（平成17年法律第88号）は多様なコーポレート・ガバナンスの選択を可能にしており，同視点の実務における重要性は，今後，一層増すであろう．

『多国籍企業における国際移転価格の役割 ──日系多国籍企業の実務──』と題する第2章（椎葉　淳執筆）は，国際移転価格に関する研究が，これまで移転価格の設定方法を不適切に分類・調査し，その知見を蓄積してきたことを指摘する．そして，移転価格の設定法を設定過程（誰が設定しているのか）と設定基準（何を基準にしているのか）という2つの観点から把握することの重要性を明らかにする．また，国際移転価格設定に直接影響を及ぼす要因（税制，業績評価，資金繰りなどの要因）を調査し，そうした要因と国際移転価格の設定方法との関係についても論述する．

『管理会計における IT 活用 ──日系多国籍企業の実務──』と題する第3章（長坂悦敬執筆）は，ビジネス・モデルとビジネス・プロセスの関係を，企業内基幹プロセスおよび企業内支援・管理プロセスの変革という脈絡でとらえる．はじめに，IT（情報技術）とプロセス管理が密接な関係にあることを確認し，企業内基幹プロセスおよび企業内支援・管理プロセスの変革を推進している多くの企業で ERP の利用が進んでいることを指摘する．そうした議論を踏まえ，多国籍企業における ERP などの管理会計情報システムに関する実態調査の結果を分析している．海外現地法人との連携では，多国籍企業が，ERP のもつ情報共有インフラとしての機能に，具体的には財務会計システムの機能に大いに期待していること，そして，少なからずが ERP を管理会計領域に進めていることを突き止めている．

『業績評価 ──日系多国籍企業の実務──』と題する第4章（朝倉洋子執筆）

は，日系多国籍企業における業績評価の現況把握を目的とした調査の結果を論述する．同章は，業績評価指標に対する重要性の認識の程度，BSC（バランスト・スコアカード）の導入状況と海外子会社に導入する場合の障害要因，ならびに業績評価指標の重要性の認識と BSC 導入状況との関係，などの確認を研究課題としている．

『国際資本予算――日系多国籍企業の実務――』と題する第5章（杉山善浩執筆）は，合理的な海外プロジェクトの採否決定を阻害するであろう「実務の理論からの乖離」という現象を，国際資本予算という文脈の中で探っている．乖離現象の例として，海外投資プロジェクトの採否決定に際してポートフォリオ理論を駆使している企業がそれほど多くないことと，海外投資プロジェクトの評価で推奨される「親会社に送金されるキャッシュフローを親会社の加重平均資本コストで割り引く」という指針を実践している企業がごく少数であること，を突き止めている．また，このような乖離現象がなぜ生じているかについても考察している．

以上の各章における論述は，それぞれが執筆者個人の見解にもとづくものであり，執筆者全員の統一見解でないことを申し添えておく．なお，本研究の分析を支える経験的データの主要な源泉は，日本の多国籍企業に対して実施した郵便質問票調査の回答である．この調査は，2004年2月に，一部上場企業（建設業，金融業，不動産業を除く）523社の国際部門責任者に対して行ったものである．

権限の位置関係，移転価格，情報技術，業績指標，投資決定といった本書がとりあげた領域で日本の多国籍企業の実務を対象にした経験的アプローチによる先行研究は少ない．したがって，本書に収録したデータや知見は，経営管理に関心を寄せる研究者のみならず，2005年に公布され2006年5月から施行された会社法の下で多国籍企業のコーポレート・ガバナンスや内部統制，すなわち組織構造や会計情報システムなどのデザインに取り組む実務家にとっても，極めて有用であろう．

最後に謝辞を述べたい．本研究は，質問票調査を実施したことから，貴重な時間を割いて頂いた多くの実務家にお世話になった．ご多用にもかかわらず，質問票に丁寧にご回答頂いた方々に心よりの感謝を申し上げたい．また，出版に際し助成金を頂いた日本管理会計学会，とりわけ企業調査研究プロジェクトを牽引された片岡洋一先生，門田安弘先生，原田　昇先生に謝意を表する．

２００６年10月

上埜　進

目　次

はしがき ………………………………………………………………… i

第1章　日本の多国籍企業における管理会計実務　　（上埜　進）
　　──概観ならびに分析── ……………………………………… 1
　§1　はじめに ……………………………………………………… 1
　§2　研究ドメイン，研究課題および分析フレームワーク …… 2
　§3　データの収集 ………………………………………………… 9
　§4　データの集計と分析の結果 ………………………………… 11
　§5　おわりに ……………………………………………………… 33
　参考文献 …………………………………………………………… 37

第2章　多国籍企業における国際移転価格の役割　　（椎葉　淳）
　　──日系多国籍企業の実務── ………………………………… 39
　§1　はじめに ……………………………………………………… 39
　§2　移転価格の設定方法 ………………………………………… 40
　§3　移転価格の設定方法に関する調査結果 …………………… 42
　§4　国際移転価格の役割 ………………………………………… 46
　§5　おわりに ……………………………………………………… 50
　参考文献 …………………………………………………………… 51

第3章　管理会計における IT 活用　　（長坂悦敬）
　　──日系多国籍企業の実務── ………………………………… 53
　§1　はじめに ……………………………………………………… 53
　§2　多国籍企業におけるビジネス・プロセスと管理会計 …… 54
　§3　会計システムと ERP ………………………………………… 58

§4　多国籍企業における管理会計とIT利用の実態……………… 64
　　　§5　おわりに …………………………………………………………… 72
　　　参考文献……………………………………………………………………… 72

第4章　業　績　評　価　　　　　　　　　　　　　　（朝倉洋子）
　　　――日系多国籍企業の実務――………………………………………… 75
　　　§1　はじめに …………………………………………………………… 75
　　　§2　多国籍企業における業績評価の基礎 …………………………… 76
　　　§3　調査の結果――業績指標およびBSCの導入状況――………… 81
　　　§4　おわりに …………………………………………………………… 95
　　　付録　シャープ株式会社におけるBSCの導入事例 ………………… 97
　　　参考文献……………………………………………………………………… 101

第5章　国際資本予算　　　　　　　　　　　　　　　（杉山善浩）
　　　――日系多国籍企業の実務――………………………………………… 103
　　　§1　はじめに …………………………………………………………… 103
　　　§2　国際資本予算の事例 ……………………………………………… 104
　　　§3　国際資本予算における理論と実務 ……………………………… 113
　　　§4　理論と実務の乖離に関する考察 ………………………………… 118
　　　§5　おわりに …………………………………………………………… 120
　　　参考文献……………………………………………………………………… 121

付録　質問票（多国籍企業における管理会計実態調査）…………………… 123
日本語索引…………………………………………………………………………… 133
外国語索引…………………………………………………………………………… 136
日本管理会計学会　企業調査研究委員会本部
監修・編集の方針と基準………………………………………………………… 138

Contents

1. Management Accounting Practices among Japanese MNEs :
   An Overview and Analyses ———————————————— 1
   Susumu Ueno, D. B. A.

2. The Role of International Transfer Pricing :
   Practices among Japanese MNEs ———————————— 39
   Atsushi Shiiba, Ph. D.

3. The Application of Information Technologies to
   Management Accounting :
   Practices among Japanese MNEs ———————————— 53
   Yoshiyuki Nagasaka, Ph. D.

4. Performance Evaluation :
   Practices among Japanese MNEs ———————————— 75
   Yoko Asakura, M. B. A.

5. International Capital Budgeting :
   Practices among Japanese MNEs ———————————— 103
   Yoshihiro Sugiyama, Ph. D.

Appendix : Questionnaire ———————————————————— 123

Index ———————————————————————————————— 133

第1章　日本の多国籍企業における
　　　　管理会計実務
――概観ならびに分析――

甲南大学　上埜　進

§1　はじめに

　多国籍企業（multinational enterprises, MNEs）では海外子会社（overseas subsidiaries）の活動が，年々，そのウエイトを増している．しかし，そうした多国籍企業が管理会計の共有知識（conventional wisdom）といえる諸技法をどのように採択・活用しているかについての調査・研究が十分であるとは言い難い．学界のこうした現況を鑑み，本書の執筆者は多国籍企業研究委員会を2002年に組織し，日本の多国籍企業の経営管理実務ならびに管理会計実務を探ることとした．文献研究が佳境に入った2004年2月に郵便質問票調査を実施しており，その後，同質問票への回答を集計し分析した．本書ならびに本章は，そうした研究の成果をまとめ上げたものである．

　さて，「日本の多国籍企業における管理会計実務――概観ならびに分析――」と題する本章であるが，本書の序章としての役割に鑑み，本書が取り上げる多国籍企業の管理会計実務にかかわる5つの研究ドメイン（図表1-1）の全て

図表1-1　本書が取り上げた研究ドメイン

親会社・海外子会社間の権限の位置関係	国際移転価格の役割	海外子会社でのIT投資	海外子会社での業績評価	多国籍環境での投資決定法

に言及する.別言すれば,各研究ドメインで扱う課題を概観する[1).また,本章は,研究論文の体裁をとっており,研究ドメイン毎に研究課題(research questions)を明示し,それぞれに関して経験的データを踏まえた検討ないし検証を行い,議論を展開している.

本章の構成は以下の通りである.第2節は「研究ドメイン,研究課題および分析フレームワーク」と題して,本章が取り組む研究ドメイン毎の課題を状況適合理論(contingency theory)を意識しながら論述し,各課題の分析の方向性を示し,かつ分析のフレームワークを提供する[2).第3節「データの収集」では,研究課題の議論を通して得た推察を確認あるいは検証するのに使用した経験的データを収集する手段となった質問票について解説する.「データの集計と分析の結果」と題する第4節では,質問票の回答からなる経験的データを研究ドメイン毎に集計し解析した結果を,第2節の論述に照らしながら,詳細に報告し,かつ各研究課題に関する知見の提示と,それら知見の解釈を行う.

なお,踏査型研究(exploratory studies)によるものではあるが,本章に紹介した分析フレームワークと知見が,組織デザインや管理会計システム・デザインに携わる実務家ならびに同領域に関心を寄せる研究者に対し有用なヒントを提供するものと期待する.

§2 研究ドメイン,研究課題および分析フレームワーク

本節は,本章が取り上げる各研究ドメインと,そこでの具体的な研究課題を説明する.また,主要な研究課題への取り組みを一覧できる分析フレームワークも図示する.

2.1 研究ドメインについて

本書が取り上げた研究ドメインは,図表1-1に示した通り,① 親会社・海外子会社間の権限の位置関係,② 国際移転価格(international transfer pricing)の役割,③ 海外子会社でのIT(information technologies, 情報技

術）投資，④ 海外子会社での業績評価，⑤ 多国籍環境での投資決定法（international capital budgeting, 国際資本予算）である．これらのドメインは，「はしがき」に記したように，委員会構成員の関心にもとづき選択したものである．本書の中で序章の役割を持つ本章は，それら全ての研究ドメインに言及するものの，②については国際移転価格の設定主体の所在，③については海外子会社の内部管理IT化の推進主体の所在，④については海外子会社内部管理のための業績指標の選択，に格別の関心を寄せている．

2.2 研究課題

経営方針・経営戦略→組織構造→組織効果という経営管理のフレームワークの中で組織効果を論じる状況適合理論が示唆しているように，管理会計実務（技法）の組織効果への貢献は，特定状況に適合する方法でそれらが実施されているかどうかに依存する．このため，その特徴が計算指向にみられる管理会計実務は，ビジネス環境の不確実性が高まり，かつ組織が巨大化・複雑化している近年，戦略指向ないし組織指向を強めてきた．以下では，管理会計実務の戦略指向ないし組織指向という観点に着目して各ドメインで選択した研究課題，ならびに，それらに対してどう取り組むか，について詳述する．

(1) 親会社・海外子会社間の権限の位置関係

権限と責任の階層構造（hierarchical structure）からなる経営組織では，職能制，事業部制，マトリックス制といった組織形態の違いがあっても，意思決定権は，組織階層に則して下位単位に委譲されており，完全なる集権制と完全なる分権制を両端とする連続線上に配置される．多国籍企業では，親会社（本社，headquarters）が全社戦略や組織全体のアーキテクチャを主体的に描いており，海外ユニットである海外統括会社や海外子会社は，親会社から委譲を受けた権限の範囲内において自主的決定権（autonomy）を有し，経営管理の独自性を発揮している（coordinated decentralization）．

親会社と海外子会社の意思決定権に関する位置関係（locus of decision makings）は，企業集団である多国籍企業の組織構造のかなめをなす．ある子

会社に対していかなる意思決定権をどのレベル（程度ないし範囲）まで委譲 (level of delegations) するかは，当該意思決定の影響範囲（意思決定主体ではない関係会社に及ぼす影響の程度を含む）や特性，当該子会社の目的や能力，外部・内部環境といった様々な要因と密接に関係する．しかし，個別の意思決定につき，どの程度ないし範囲まで子会社に権限を委譲するかについての普遍的なルールがあるわけではない．子会社が，支配株主である親会社の意に反して権限を乱用することもある．一般に，状況適合理論の含意を反映させ，内部および外部環境を構成する多岐にわたる要因に配慮しながら組織構造がデザインされる (Czinkota et al., 1994)．

本ドメインの課題の第一は，(1) 海外子会社の戦略的意思決定にかかわる決定権限の所在（意思決定権の位置関係；親会社がどの範囲の権限を留保しているのか，どの範囲の権限を海外子会社に委譲しているのか），ならびに管理的・業務的意思決定にかかわる決定権限の所在に関して，戦略的意思決定と管理的・業務的意思決定において差ないし違いがみられるのか，を確認することである．これは，戦略的意思決定権よりも管理的・業務的意思決定権が，より早い時期に，かつ，より大幅に委譲されるとする経営管理論の通説を検証するものである．なお，戦略的意思決定，管理的・業務的意思決定といった構成概念 (constructs) であるが，本章での戦略的意思決定は，経営組織構造を長期にわたり規定する意思決定のことであり，たとえば，新事業の立ち上げ，新工場や新販売拠点の設置の決定などをいう．戦略的意思決定の結果 (outcome) は，時に，親会社・子会社間関係に大きな影響を及ぼす．他方，管理的・業務的意思決定は，経営組織構造を所与とする意思決定であり，年次予算編成，オペレーション，原価管理などに関する決定をいう．

さて，海外子会社のステレオタイプは，アジア子会社は低コスト労働の活用を意図した製造拠点として，他方，北米子会社や欧州子会社は現地マーケットを深耕する拠点として，スタートしたとする．もちろん，アジアも市場として急速に成長しており，固定的なステレオタイプと異なり，近年では地域間の隔たりに収斂がみられる．しかし，迅速な意思決定が要請される販売拠点として

設立されたこと，親会社（本国）派遣者（expatriates）の構成に影響を及ぼす現地労働市場の特性，自己実現欲求が権限委譲により組織効果の改善を期待させるという文化特性などから，北米子会社や欧州子会社で相対的に広範な権限委譲がみられると推察する．本ドメインの第二の課題は，この検証である．

(2) 国際移転価格の設定主体の所在

親会社・海外子会社間等の取引における付替価格である国際移転価格は，それぞれが事業単位として企業集団を構成している法人間での利益の付け替えや，実効税率の異なる国々での租税支払いを介して，多国籍企業のキャッシュフロー・レベルに，引いては，親会社・海外子会社間関係に影響を及ぼす．

本ドメインの研究課題は，(1)国際移転価格の設定基準（市価基準，原価基準など）の選択の実態，すなわち，どのような種類の移転価格が選択されているのか，および(2)国際移転価格の設定で考慮する諸要因（法制，業績，資金繰りなど）のそれぞれを質問票回答者である親会社国際部門責任者がどれほど重要であると認識しているのか，を探ることである．また，(3)親会社・海外子会社間の関係を規定する戦略的意思決定の個別領域における発現の一例（Geringer and Hebert, 1989）といえる国際移転価格の設定権を親会社または子会社のいずれが有しているのかを確認する．関連して，国際移転価格設定権の位置関係と，前ドメインに取り上げた親会社・海外子会社間の戦略的意思決定権一般の位置関係との間に相関関係が存在するかについても探る．なお，(1)は制度の仕組みにかかわり，(2)は組織構造のデザインに影響を与える．企業集団内の利益付け替えにかかわる移転価格の設定が戦略的意思決定権の個別領域における発現であることから，(3)では，国際移転価格設定権の位置関係が戦略的意思決定権一般の位置関係と正の相関関係にあるものと推察する．なお，本ドメイン全体の調査結果は第2章（椎葉　淳執筆）に報告する．

(3) 海外子会社内部管理のIT化の推進主体の所在

地理的ならび社会・文化的な広がりを特徴とする多国籍企業では，IT（情報技術）によって構築される情報インフラストラクチャーが，国レベルの文化（national culture）の相違を相殺して，マネジメント・コントロールを収斂さ

せる方向に作用する（上埜，2004）．海外子会社内部管理への IT 活用の現況を把握しようとする本ドメインは，日本の多国籍企業のアジア，北米，欧州の子会社における利用ソフトウェアの種類（ERP，個別業務用パッケージ・ソフトウエア，自社開発ソフトウェア等）と ERP の利用状況，海外子会社内部管理 IT 化推進の主導権の所在（推進主体は親会社なのか，それとも当事者となる現地子会社なのか），IT 投資の問題点，などを研究課題にしている．IT 活用全般については第 3 章（長坂悦敬執筆）で詳細に取り上げており，説明を同章に譲る．

本章の関心は，海外子会社の内部管理 IT 化の推進主体が親会社なのか，それとも当事者となる海外子会社なのかという推進権の所在すなわち位置関係を確認することである．そこで，IT 化推進にかかわる推進権の位置関係を，(1) 利用ソフトウェアが担う職能領域（財務会計，管理会計，人事管理）毎に，および (2) 子会社の所在地（アジア，北米，欧州）毎に調べる．職能領域では，現地の文化的・歴史的慣行を強く引きずる，あるいは計算技術的で普遍性が高い，といった視点から，当事者である現地子会社への権限委譲のレベルは，財務会計や管理会計より，人事管理において高いと推察する．

さて，(3) 戦略的意思決定権や管理的・業務的意思決定権が個別領域でどう発現しているかの確認（Geringer and Hebert, 1989）は，戦略的意思決定権とのかかわりだけを確認した国際移転価格設定権の場合と異なり，海外子会社内部管理ＩＴ化推進権に関しては管理的・業務的意思決定権についても行う．なお，権限の位置関係はともに正の相関を示すと推察する．

(4) 海外子会社内部管理のための業績指標の選択

経営方針・経営戦略→組織構造→組織効果という連鎖の連結管となる業績諸指標を取り上げる本ドメインは，親会社国際部門責任者の認識を以下の諸点において探る．

第一に，(1) 海外子会社の内部管理で，様々な業績指標のそれぞれがどれ程重視されているかについてである．この点につき，価値システムでの位置を異にする製造子会社と販売子会社では，各指標が重視される程度に何らかの差が

§2 研究ドメイン，研究課題および分析フレームワーク 7

存在すると推察できる．なお，取り上げた業績指標は，Kaplan と Norton が提唱した BSC（Balanced Scorecard）の 4 つの視点，すなわち，「財務の視点」，「顧客の視点」，「内部業務プロセスの視点」，および「学習と成長の視点」で頻繁に使用されてきた指標の中から選んでいる．

BSC は，財務的指標を重視する伝統的管理法の欠陥を克服しようとするものであり，指標の体系に非財務的指標を積極的にビルト・インし，包括的な目標管理の枠組みを提供する．実際，4 つの視点のバランスに配慮する BSC では，「顧客」，「内部業務プロセス」，「学習と成長」といった視点を代理する指標として，非財務的指標を極めて重視している．そこで，(2) BSC の導入が親会社で進んでいる企業と進んでいない企業で，海外子会社の業績指標としての非財務的指標の重要性に対する親会社国際部門責任者の認識に違いがみられるのかどうかを探る．これが第二の課題である．

第三の課題として，(3) 包括的な業績指標の体系といえる BSC を海外子会社に導入するに際し，何が障害要因になっているかを探る．なお，第 4 章（朝倉洋子執筆）に，本ドメイン全体に関する分析結果を詳細に報告する．

(5) 多国籍環境での投資決定法

典型的な戦略的意思決定である海外投資決定を扱う本ドメインは，国際資本予算の現況を，(1) プロジェクト・リスクの認識のあり方，および (2) 割引キャッシュフロー法（discount cash flow method（DCF 法））の採用と運用，について探る．

海外投資決定では国内投資に見られないリスク要因（為替レートの変動，インフレ率，税率，政治リスク等）が絡み合う．そこで，多国籍企業が海外直接投資を行う際のリスク認識のあり方を次の 2 点において探ることを第一の研究課題とする．すなわち，国内プロジェクト案よりも海外プロジェクト案に高いリスクを付与しているのか，および，最適事業ポートフォリオ構築という視点から新規海外プロジェクトの既存プロジェクトに与える影響を明確に考慮しているのか，という点についてである．

また，国際資本予算という脈絡の中で，割引キャッシュフロー法を以下の点

に関して探ることを第二の研究課題とする．同技法の採否，キャッシュフロー見積もりの基準ないし対象，および，算定した資本コストの種類についてである．分子となる見積キャッシュフローに着目すると，① 独立の事業として現地子会社の立場からキャッシュフローを見積もり，分析・評価するという方法と，② 親会社に帰属するネット・キャッシュフロー（投資額，配当金，ライセンス／ロイヤリティ・フィー，マネジメント・フィー，回収運転資金といった各要素のキャッシュフロー）を見積もり，分析・評価する方法とがあろう．なお，本ドメイン全体の分析結果の詳細な報告は第5章（杉山善浩執筆）において行う．

さて，本章が採る研究方法の性格であるが，それは，基本的に，収集した経験的データに照らして各研究ドメインの研究課題にかかわる実務の現況を探る踏査型経験的研究（exploratory empirical studies）である．しかし，一部の課題においては，導出した仮説の検証を行った．図表1-2は，本章が取り組む主な研究課題を一覧表示した分析のためのフレームワークである．

図表1-2 本章の主な研究課題への取り組み法（分析のフレームワーク）

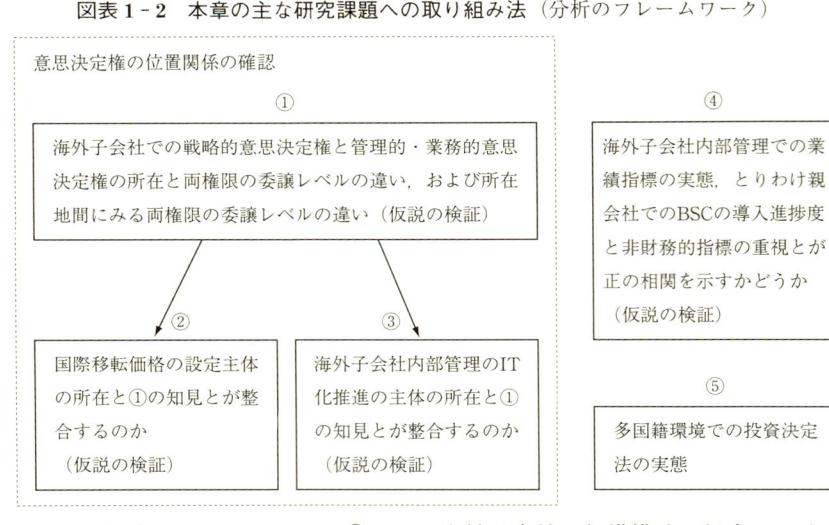

破線の枠内の説明であるが，①では，海外子会社の組織構造を規定する戦略的意思決定権と，海外子会社内部管理にかかわる管理的・業務的意思決定権に

ついて，海外子会社にどこまで権限委譲が行われているのか，という親会社・海外子会社間の権限の位置関係を探る．その上で，戦略的意思決定権と管理的・業務的意思決定権の委譲レベルに差がみられるのかどうかを問う仮説を設けて，それを検証する．さらに，戦略的意思決定権一般あるいは管理的・業務的意思決定権一般についての親会社・海外子会社間の位置関係に関する①の知見が，②の国際移転価格の設定プロセスにおける権限の位置関係すなわち設定主体の所在（親会社あるいは海外子会社のいずれが設定主体なのか）についての知見や，③の海外子会社内部管理IT化における権限の位置関係すなわち推進主体の所在（親会社あるいは当事者となる海外子会社のいずれが推進主体なのか）についての知見と整合するかどうかについて仮説を検証する．親会社・海外子会社間のこうした権限の位置関係の確認が本章の最も関心を寄せる研究課題である．

§3　データの収集

本節は，経験的データを収集するために準備した質問票の概要（巻末の付録に質問票を完全収録），ならびに質問票配布の方法を述べる．

3.1　質問票について

質問票は10ページからなり，6つの範疇，すなわち，① 海外子会社と親会社の権限の位置関係，② 海外直接投資，③ 国際移転価格の設定，④ 業績評価，⑤ IT投資，⑥ 国際化・多国籍化の程度，でもって構成した．計量分析を行うことを前提に，質問項目の多くは，回答者に「重視する度合いないし順位」を問い，回答者個人の認識（perception）を Likert 5 point scale（リッカート5ポイント・スケール）に反映してもらう方法をとった．回答から得られる測定値の多くは順位データである．

なお，「海外子会社と親会社の権限の位置関係」において取り扱う戦略的意思決定と管理的・業務的意思決定というコンストラクトに対する回答者の認識

のバラツキを抑制するために,「新工場や販売拠点の新設,新事業の立ち上げ」を戦略的意思決定の例とし,また,「年次予算の編成,原価管理」を管理的・業務的意思決定の例として質問項目に添えた.なお,「海外子会社と親会社の権限の位置関係」と「IT投資」に関する設問の一部に対して回答を所在地(アジア,北米,欧州)毎に求めた.

3.2 質問票の配付について

日本管理会計学会多国籍企業研究委員会は,一部上場企業(建設業,金融業,不動産業を除く)523社の国際部門責任者に,会社住所・個人名を宛名として,2004年2月に質問票を郵送した.その結果,2004年4月までに74社(部分回答会社を含む,総回収率14.15%)から回答を得ることができた.回答企業の業種別分布は図表1-3の通りである.なお,郵便質問票の宛先を企業集団の中核をなす親会社の国際部門責任者にしたことから,当事者が海外子会社である場合にも,質問票データから得た知見が親会社責任者の認識にもとづいていることに留意したい.

図表1-3 回答企業の業種別分布

業　種	企業数	比　率	業　種	企業数	比　率
食料品	6	8.1%	電気機器	13	17.6%
繊維製品	4	5.4%	輸送機器	4	5.4%
パルプ・紙	1	1.4%	精密機器	3	4.1%
化学	10	13.5%	その他製品	6	8.1%
医薬品	2	2.7%	陸運業	3	4.1%
ゴム製品	1	1.4%	卸売業	6	8.1%
ガラス製品	3	4.1%	小売業	4	5.4%
非鉄金属	1	1.4%	合計 (N)	74	100.0%
金属製品	3	4.1%			
機械	4	5.4%			

§4 データの集計と分析の結果

質問票の各設問に対する回答を集計した結果，および SPSS パッケージにより解析した結果を本節に報告する．なお，有意性の検定は両側検定を有意水準（危険率）5％に設定して実施した．踏査型研究でもあり，§2の推察が堅固な理論に基づき方向性を示しているといえないことが両側検定を採用した理由である．

4.1 親会社・海外子会社間の権限の位置関係

ここでは，親会社・海外子会社間の権限の位置関係に関して説いた推察を経験的データ（質問票への親会社国際部門責任者による回答）でもって検証した結果を報告する．

(1) 戦略的意思決定権と管理的・業務的意思決定権の権限委譲レベルの差

海外子会社に対する意思決定権の委譲の状態ないし範囲，すなわち意思決定権の位置（locus of decision makings）に関して，戦略的意思決定と管理的・業務的意思決定の間に違いがみられるかどうかという課題であるが，これについては次の帰無仮説（null hypothesis, $H1_0$）ならびに対立仮説（alternative hypothesis, $H1_1$）を検証した．

$H1_0$　意思決定権の海外子会社への委譲レベルは，戦略的意思決定権と管理的・業務的意思決定権に差がない．

$H1_1$　意思決定権の海外子会社への委譲レベルは，戦略的意思決定権と管理的・業務的意思決定権で差がある．

まず，権限の位置関係であるが，図表1-4のパネル1にあるように，戦略的意思決定権については，全地域において最頻値が「相当部分が親会社に留保されている＝2」であった．他方，管理的・業務的意思決定権の最頻値は全地域で「一部が親会社に留保されている＝4」であった（パネル2）．こうした結果は，経営管理論の通説に則しているといえるが，管理的・業務的意思決定

権においても「相当部分が親会社に留保されている＝2」との回答が少なくなかったことに注意したい．

図表1-4　海外子会社への意思決定権の委譲レベル

パネル1　戦略的決定（度数）

	5	4	3	2	1	平均値
アジア（67社）	―	5	10	29	23	1.96
北米（55社）	―	8	12	23	12	2.29
欧州（48社）	1	3	13	20	11	2.23

意思決定権の委譲レベル（子会社に全ての権限が＝5，一部が親会社に留保＝4，半分程度が親会社に留保＝3，相当部分が親会社に留保＝2，ほぼ全てが親会社に留保＝1）

パネル2　管理的・業務的決定（度数）

	5	4	3	2	1	平均値
アジア（67社）	1	25	14	23	4	2.94
北米（55社）	3	25	10	14	3	3.20
欧州（48社）	2	24	10	10	2	3.29

戦略的意思決定権と管理的・業務的意思決定権の委譲レベルに差があるかどうかを問う仮説の検証には，所在地の影響をコントロールした差の検定を実施する必要がある．そこで，単一企業の同一地域子会社での戦略的意思決定権と管理的・業務的意思決定権に関する回答をペアにして両権限の位置関係にみられる差を検定する「対応サンプルt-検定」を実施した．図表1-5に示した結果は，推察通りに，所在地にかかわらず戦略的意思決定権よりも管理的・業務的意思決定権の委譲が大幅であり，その差は有意であった（有意確率（P値）＝.000）．

なお，図表1-4パネル1の戦略的意思決定権の最頻値と平均値は，日本企業海外子会社の独立の度合い（戦略的権限の海外子会社への委譲レベル）が極めて低く，本社を睨みながらの経営を強いられてきたことを示唆する．トップ・マネジメントの現地化が欧米企業よりも遅れているといったことを併せると，海外子会社に独立性の強い組織構造を付与する必要性が乏しい日本企業が少なくないといえる．

§4 データの集計と分析の結果　13

図表1-5　意思決定権の種類による委譲レベルの差

対応サンプル検定

		対応サンプルの差				t値	自由度	有意確率（両側）
		平均値	標準偏差	平均値の標準誤差	差の95%信頼区間			
					下限　上限			
ペア1	戦略決定―アジア 管理決定―アジア	-.99	.98	.12	-1.22　-.75	-8.254	66	.000
ペア2	戦略決定―北　米 管理決定―北　米	-.91	1.06	.14	-1.20　-.62	-6.367	54	.000
ペア3	戦略決定―欧　州 管理決定―欧　州	-1.06	.98	.14	-1.35　-.78	-7.539	47	.000

（子会社に全ての権限が＝5，一部が親会社に留保＝4，半分程度が親会社に留保＝3，相当部分が親会社に留保＝2，ほぼ全てが親会社に留保＝1）

(2)　意思決定権の委譲レベルにみる海外子会社所在地の影響

前述した通り，欧米先進国に立地する海外子会社では，意思決定権の委譲を進めることで組織成員のコミットメントを高め，組織効果の向上がはかられると推察した．第二の研究課題，すなわち権限委譲レベルが所在地（アジア，北米，欧州）の影響を受けているか否かについて，次の帰無仮説（$H2_0$）および対立仮説（$H2_1$）を検証した．

　$H2_0$　意思決定権の海外子会社への委譲レベルは，同子会社の所在地と無関係である．

　$H2_1$　意思決定権の海外子会社への委譲レベルは，同子会社の所在地と関係する．

図表1-4では，戦略的意思決定権，管理的・業務的意思決定権がともに，アジア子会社よりも北米，欧州子会社で平均値が高く，親会社からの意思決定権の委譲が後者で進んでいることを窺わせた．図表1-4や対応サンプルt-検定の結果を記載した図表1-6が示すように，戦略的意思決定権において，アジア子会社に比べ北米子会社への権限委譲が大幅で，その差が有意であること（P値＝.003），ならびに，管理的・業務的意思決定権において，アジア子会社に比べ北米・欧州子会社への権限委譲が大幅で，その差が有意であること（と

もにP値＝.017) が判明した．

所在地間にこうした差がみられる理由として，すでに研究課題の箇所で論じたように，一つには現地法人の経営陣・管理職の能力などの文化的要因ともいえる特性をあげることができよう．別の理由として，迅速な意思決定が要求される販売拠点として位置づけられる子会社が北米・欧州地域に比較的多く，他方，日本本社が直接指揮をとる製造子会社がアジア地域に多い，といったサプライ・チェーン上における異なる役割の影響が考えられる．しかし，原因の特定には，さらなる検証が必要であろう．

図表1-6　海外子会社の所在地にみる権限委譲レベルの差
―対応サンプル t-検定―

	対応サンプルの差		t 値	自由度	p 値 (両側)
	平均値	標準偏差			
戦略的意思決定権					
ペア1　アジア vs. 北米	－.27	.63	－3.083	51	.003
ペア2　アジア vs. 欧州	－.17	.64	－1.833	46	.073
ペア3　北　米 vs. 欧州	9.30E-02	.37	1.666	42	.103
管理的・業務的意思決定権					
ペア1　アジア vs. 北米	－.19	.56	－.2470	51	.017
ペア2　アジア vs. 欧州	－.21	.59	－2.483	46	.017
ペア3　北　米 vs. 欧州	2.33E-02	.27	.573	42	.570

(子会社に全ての権限が＝5，一部が親会社に留保＝4，半分程度が親会社に留保＝3，相当部分が親会社に留保＝2，ほぼ全てが親会社に留保＝1)

4.2　国際移転価格の設定主体の所在

ここでは，(1) 国際移転価格がいかなる基準に依拠し設定されているのかという移転価格の選択，(2) 国際移転価格の設定プロセスで考慮する要因となる法制，業績，資金繰り等のそれぞれがもつ重み，および (3) 国際移転価格の設定主体の所在，ならびに，同所在と戦略的意思決定権一般の委譲レベルとの関係，についての分析結果を報告する．

(1) 国際移転価格の設定基準の選択

設定基準の選択に関する調査結果は，図表1-7が示しているように，製造

子会社に引き渡される中間製品については，原価基準（32社／43社，74.4％）の利用が多く，市価基準は43社中の10社（23.3％）であった．販売子会社に引き渡される最終製品については原価基準（24社／46社，52.2％）が市価基準（21社，45.7％）より多いものの，差は僅少であった．中間製品において市価基準の利用が少なかった理由は，中間製品の市場規模が小さく市価の利用が不適切／困難である，あるいは，市場取引では実現できない濃密な関係の維持などの戦略的意図による，といったところであろう．しかし，結論づけるには追加の調査が必要である．市価が存在する最終製品においても市価基準の利用が過半数に達しなかったのは，(3)で報告する海外子会社への移転価格設定権の委譲レベルが極めて低位であったとする調査結果と整合的なのかもしれない．言い換えれば，親会社が海外子会社を一体的に運営しており，独立企業間関係が未成熟であったことが，市価基準の採用を阻んでいる一因と考えられる．

図表1-7 国際移転価格設定基準の選択

―中間製品（製造子会社への振替）と最終製品（販売子会社への振替）―

移転価格の種類	中間製品（43社）	最終製品（46社）
市　場　価　格	10　（23.3％）	21　（45.7％）
総　　原　　価	10　（23.3％）	21　（45.7％）
製　造　原　価	7　（16.3％）	6　（13.0％）
変　動　原　価	8　（18.6％）	1　（ 2.2％）
原価加算利益（通常の利益）	2　（ 4.7％）	0
原価加算利益（通常の利益より大）	11　（25.6％）	13　（28.3％）
原価加算利益（通常の利益より小）	1　（ 2.3％）	0
	3　（ 7.0％）	4　（ 8.7％）
二　重　価　格	0	0
数　理　計　画　法	0	0
利　益　分　割　法	1　（ 2.2％）	1　（ 2.2％）

(2) 国際移転価格の設定プロセスで考慮する要因

国際移転価格の設定プロセスで考慮する要因であるが，平均値からして重要度が高いとされる要因から並べると，税法その他諸法令に従うこと（4.33），全社利益の最大化（4.25），海外子会社の競争力確保（4.13），海外子会社の資金

繰り (3.46), 海外子会社の業績評価 (3.27), 各国間の税制の違いの活用 (3.22), 利益・配当の本国送金の制限 (3.11), 進出国政府との良好な関係の維持 (3.11), 移転価格の設定法の簡便性 (3.10), となる (図表1-8). 税法その他諸法令に従うこと, 全社利益の最大化, 海外子会社の競争力確保については「極めて重要」あるいは「かなり重要である」とする企業が多かった. 上位3要因は, それぞれ CSR (corporate social responsibility) の部分集合であるコンプライアンス (compliance) への意識の高まり, 企業価値・株主価値への関心の高まり, 国内市場の成熟に伴う海外事業のウエイトの高まり, といった近年の動向を反映していると解せる.

図表1-8 国際移転価格の設定プロセスで考慮する要因 (度数)

	5	4	3	2	1	平均値
各国の税法その他諸法令に従うこと	26	15	5	1	1	4.33
全社利益の最大化	20	20	8	0	0	4.25
海外子会社の競争力確保	13	28	7	0	0	4.13
海外子会社の資金繰り	4	23	14	5	2	3.46
海外子会社の業績評価	3	12	28	5	0	3.27
税制の相違	4	13	25	6	2	3.22
利益・配当の本国送金の制限	3	13	18	10	2	3.11
進出国政府との良好な関係	3	11	23	8	2	3.11
簡便性	1	15	25	4	4	3.10

(極めて重要=5,かなり重要=4,普通=3,あまり重要でない=2,関係ない=1)

(3) 戦略的意思決定権一般の委譲レベルと国際移転価格の設定主体の所在との関係

戦略的意思決定の個別領域での発現といえる国際移転価格設定における意思決定主体の所在, すなわち親会社・子会社間における国際移転価格の設定権をめぐる位置関係については, 海外子会社への戦略的意思決定権一般の委譲レベルと正の相関関係にあると推察した. しかし, 本節冒頭に述べたように踏査型研究であることから, 次の帰無仮説 ($H3_0$) および対立仮説 ($H3_1$) を検証した.

$H3_0$ 海外子会社への権限委譲レベルに関して, 戦略的意思決定権一般と国

際移転価格設定権との間に関係がない．

H3₁　海外子会社への権限委譲レベルに関して，戦略的意思決定権一般と国際移転価格設定権との間に関係がある．

　国際移転価格の設定主体にかかわる質問に41社が回答を寄せており，内訳は，親会社が設定3社（4.1％），親会社主導18社（24.3％），親子会社で交渉18社（24.3％），子会社主導が1社（1.4％），子会社が設定1社（1.4％）であった（図表1-9，複数回答企業はサンプルから除外）．海外子会社に移転価格設定権を委譲している企業が極めて少ないことがわかる．

図表1-9　移転価格の設定主体の所在（度数）

	5	4	3	2	1	平均値
企業数（41社）（％）	1（1.4）	1（1.4）	18（24.3）	18（24.3）	3（4.1）	2.49

（子会社が移転価格を設定＝5，親子会社で交渉＝3，親会社が移転価格を設定＝1）

　次に仮説検定について述べる．Likert 5 point scale でもって測定した戦略的意思決定権の海外子会社への委譲レベル（子会社に全ての権限が＝5，ほぼ全てが親会社に留保＝1）と，国際移転価格設定プロセスでの主導権の所在（子会社が移転価格を設定＝5，親会社が移転価格を設定＝1）にかかわるデータであるが，これらは回答者である親会社国際部門責任者の認識にかかわる順序データであり，また，正規分布を仮定できない．そこで，ノン・パラメトリック検定であるスピアマンの順位相関係数の検定（Spearman's correlation coefficient by rank test）を用いた[3]．なお，戦略的意思決定権一般の位置関係に関するデータは，アジア，北米，欧州といった所在他別に問うた設問への回答であり，他方，国際移転価格設定権の位置関係のデータは所在地区分を行わない設問に対する回答である．このことが分析デザインを制約し，以下の知見に影響を与えていることに留意されたい．

　図表1-10が示しているように，アジア子会社において戦略的意思決定権の委譲レベルと移転価格設定主体の所在との間に弱い正の相関が推定されたが，所在地を問わず，帰無仮説を棄却できなかった（なお，アジア子会社はr（相

関係数)＝.266，北米子会社は r＝.036，欧州子会社は r＝.060であった)[4]．この分析結果は，国際移転価格設定プロセスにおける意思決定権の位置関係が，移転価格税制やそれに関係する租税条約，事業の利益や競争力を規定する当該製品が帰属する市場の特性といった諸要因の影響を強く受け，多国籍企業組織内の戦略的意思決定権一般の位置関係（戦略的意思決定権の委譲の状態ないし範囲）でもって一律に説明がつくものではないことを示している．なお，前述の通り，戦略的意思決定権および移転価格設定権の海外子会社への委譲レベルがともに高くはなかったことにも留意しておきたい（図表1-4および図表1-9）．

図表1-10　戦略的意思決定権の委譲レベルと移転価格設定主体の所在との相関

Spearman の順位相関係数	アジア	北　米	欧　州
相　関　係　数（r）	.266	.036	.060
有　意　水　準（両側）	.111	.848	.759
企　業　数（N）	37	31	29

戦略的意思決定権の委譲レベル（子会社に全ての権限が＝5，ほぼ全てが親会社に留保＝1）
移転価格設定主体の所在（子会社が移転価格を設定＝5，親会社が移転価格を設定＝1）

4.3　海外子会社内部管理のIT化の推進主体の所在

ここでは，親会社と海外子会社との権限の位置関係という脈絡の中で，海外子会社の内部管理IT化の推進主体の所在（推進の主体が親会社なのか，それとも当事者である現地子会社なのか）に関する分析結果を報告する．分析は，(1) 利用ソフトウェアの有する職能領域毎に，ならびに (2) 海外子会社の所在地（アジア，北米，欧州）毎に，海外子会社内部管理IT化の推進主体の所在を確認するフェーズと，(3) IT化推進主体の所在と海外子会社への意思決定権一般（戦略的意思決定権および管理的・業務的意思決定権）の委譲レベルとの関係を確認するフェーズ，でもって行った．

(1)　職能領域と内部管理IT化の推進主体の所在との関係

研究課題を論じた際に，海外子会社の内部管理IT化推進権の同子会社への委譲の範囲は，現地の文化的・歴史的慣行を引きずる程度からして，財務会計

や管理会計よりも人事管理といった領域で，より大幅であると予見した．図表1-11の平均値を職能別に見比べると，いずれの地域においても，IT化の現地主導は人事管理が最も強い．なお，財務会計と管理会計のIT化の推進主体の所在の分布は極めて酷似している．

図表1-11　内部管理IT化の推進主体の所在　(度数)

	5	4	3	2	1	平均値
財　務　会　計						
ア　ジ　ア（59社）	16	27	6	5	6	3.69
北　　米（46社）	24	15	3	2	2	4.24
欧　　州（43社）	19	15	4	3	2	4.07
管　理　会　計						
ア　ジ　ア（55社）	16	22	6	5	6	3.67
北　　米（45社）	23	15	3	2	2	4.22
欧　　州（41社）	18	14	4	3	2	4.05
人事（給与）管理						
ア　ジ　ア（55社）	29	13	5	4	4	4.07
北　　米（43社）	30	7	3	2	1	4.47
欧　　州（40社）	29	4	3	3	1	4.43

IT化推進主体の所在（子会社が全てを推進＝5，半々＝3，親会社が全てを推進＝1）

そこで，親会社・海外子会社の何れが後者の内部管理IT化の推進主体であるのか（本変数は権限委譲レベルに関する順序データである）という位置関係が財務会計，管理会計，人事管理といった職能領域間で異なるかを，対応サンプルt-検定でもって確認した．同検定にあたっては，2職能毎に比較を行うこととし，選択された2職能の両方に回答を寄せている会社を対応サンプルにした．

図表1-12にあるように，検定結果に有意な差が認められたのは，アジア子会社での財務会計vs.人事管理，管理会計vs.人事管理と，欧州子会社での財務会計vs.人事管理，管理会計vs.人事管理であった．人事管理のIT化における現地主導がいずれの地域においても最も強く，北米子会社を除き，推進主体の分布において他職能と有意な差をみせた．

20　第1章　日本の多国籍企業における管理会計実務

図表1-12　職能領域とIT化推進主体の所在との関係：対応サンプルt-検定の結果

アジア子会社	財務会計 vs. 管理会計（平均値(3.65, 3.67), N=55社, p値=.322）　財務会計 vs. 人事管理*（平均値(3.71, 4.07), N=55社, p値=.001）　管理会計 vs. 人事管理*（平均値(3.70, 4.06), N=53社, p値=.002）
北米子会社	財務会計 vs. 管理会計（平均値(4.22, 4.22), N=45社, 全てのペアが同値σ=0）　財務会計 vs. 人事管理（平均値(4.28, 4.47), N=43社, p値=.118）管理会計 vs. 人事管理（平均値(4.26, 4.45), N=43社, p値=.118）
欧州子会社	財務会計 vs. 管理会計（平均値(4.05, 4.05), N=42社, 全てのペアが同値σ=0）　財務会計 vs. 人事管理*（平均値(4.13, 4.43), N=40社, p値=.032）管理会計 vs. 人事管理*（平均値(4.10, 4.41), N=39社, p値=.032）

IT化推進主体の所在（子会社が全てを推進=5，半々=3，親会社が全てを推進=1）

　結果の解釈であるが，人事（給与）管理のIT化において現地主導が強いのは，相対的に普遍性が高い会計計算構造を基底に持つ財務会計や管理会計と異なり，人事管理では文化や歴史に根ざすローカル色を反映させる必要性が強いためと解する．また，財務会計と管理会計に関する回答の分布が極めて酷似しているが，これについては，(1) 制度に立脚する財務会計と経営管理技法の運用にかかわる管理会計ではローカル性に関して明確な差がない，あるいは (2) 回答者が，企業会計を構成する両者を明確に識別できていないことから，同じ回答を寄せたといった推定ができよう．

(2)　海外子会社所在地と内部管理IT化の推進主体の所在との関係

　IT化推進主体と海外子会社の所在地との関係であるが，図表1-11にあるように，所在地を問わず，現地子会社が「一部を除き」あるいは「全てを」推進しているとの回答（4と5）が多かった．北米，欧州地域の子会社に関しては，「子会社が全てを」という回答が最頻値であった．人事管理については，アジアを含む全ての地域で，「子会社が全てを」という回答が最頻値となっている．最頻値や平均値からして，海外子会社内部管理におけるIT化の推進では，当時者である海外子会社への権限委譲がきわめて高い状況にあることが窺

えた．こうした結果は，海外子会社への権限委譲がきわめて低位であった国際移転価格設定権の状況と大きく異なる．

(3) 意思決定権一般の委譲レベルと内部管理 IT 化の推進主体の所在との関係

本ドメインでも，国際移転価格設定権の場合と同じく，意思決定権一般の海外子会社への委譲レベルと，個別権限である IT 化推進権の委譲レベルとの関係を課題にした．なお，踏査型研究であることから，海外子会社への戦略的あるいは管理的・業務的意思決定権，すなわち意思決定権一般の委譲レベルと，親・子会社のいずれが IT 化の推進主体であるのか，という両者の関係は次の帰無仮説（$H4_0$）および対立仮説（$H4_1$）の検証により確認した．

$H4_0$　海外子会社内部管理 IT 化の推進主体が親・子会社のいずれであるかということと，意思決定権一般の海外子会社への委譲レベルは無関係である．

$H4_1$　海外子会社内部管理 IT 化の推進主体が親・子会社のいずれであるかということと，意思決定権一般の海外子会社への委譲レベルは関係がある．

戦略的あるいは管理的・業務的意思決定権一般の海外子会社への委譲レベル（子会社に全ての権限が＝5，ほぼ全てが親会社に留保＝1）のデータ，ならびに親・子会社のいずれが IT 化推進主体であるか（子会社が全てを推進＝5，親会社が全てを推進＝1）にかかわるデータは，既に見てきたように Likert 5 point scale でもって測定された順序データであり，かつ正規分布を仮定できない．このため，スピアマンの順位相関係数の検定を用いて，職能領域毎に相関関係を確認した．

分析結果であるが，全ての組合せの中で最も強い相関を見せたアジア子会社での管理会計と戦略的意思決定権でも r（相関係数）＝.231（p 値＝.090）に過ぎず，戦略的あるいは管理的・業務的意思決定権の委譲レベルと親・子会社の何れが推進主体であるかは無関係であるとする帰無仮説を棄却できなかった（図表 1-13）．内部管理 IT 化推進権ということで少なくとも管理的・業務的意思決定権一般と有意な関係にあると期待していたのだが，こうした結果は，海

外子会社内部管理 IT 化の推進主体にかかわる位置関係が，多国籍企業組織内の意思決定権一般の位置関係により一律に説明されるものではなく，むしろ，個別の IT 化プロジェクトの特性や海外子会社が持つ能力といった状況要因（contingent factors）からの影響が大きく，諸要因の効果が混同していることを推察させる．なお，前述の通り，管理的・業務的意思決定権一般よりも，個別権限である海外子会社内部管理 IT 化推進権の方が，海外子会社への権限委譲が，その平均値において高かったことに留意したい（図表1-4および図表1-11）．

図表1-13　戦略的あるいは管理的・業務的意思決定権の委譲レベルと
　　　　　IT 化推進主体の所在との相関（アジア子会社に関する分析結果のみを抜粋）

Spearman の順位相関係数		戦略決定	管理決定
財務会計	相関係数 有意水準（両側） 企業数（N）	.200 .128 59	.108 .416 59
管理会計	相関係数 有意水準（両側） 企業数（N）	.231 .090 55	.183 .182 55
人事(給与)管理	相関係数 有意水準（両側） 企業数（N）	.091 .510 55	.186 .173 55

4.4　海外子会社内部管理のための業績指標の選択

業績指標においては，海外子会社内部管理にとっての指標に関する親会社国際部門責任者の認識を次の3点において探った．第1点は，各指標をどれ程重要であると認識しているか，第2点は，親会社における BSC 導入の進捗状況が海外子会社の業績指標に対する認識に影響を及ぼしているか，そして第3点は，BSC の海外子会社への導入に際し何が障害要因であると認識されているか，である．

(1)　各業績指標に対する重要性の認識

海外子会社の内部管理にとって各指標がどれ程重要であり，また，異なる価

§4 データの集計と分析の結果 23

値プロセスを持つ製造子会社と販売子会社では重要とされる業績指標に違いがあるのか,に関して,調査結果を以下に報告する.なお,業績諸指標は,Balanced Scorecard (BSC) の4つの視点に対応させて質問票に掲載しており,Likert 5 point scale (極めて重要=5,関係ない=1) でもって回答者の認識を測定した.

a. 財務の視点の諸指標

各指標を回答者が最も重視する順序(平均値の高いものから)に並べると,経常利益成長率,売上高成長率,投資利益率,企業価値,EVA となった(図表1-14).EVA や企業価値の順位が高くないのは,当該コンセプトが広範な共感を得ていないことの証左であろう.

図表1-14 製造子会社と販売子会社の対応サンプル t-検定:財務の視点

指　標	企業数(N)	平均値(製造子会社)	平均値(販売子会社)	t 値	p 値
経常利益成長率	39	3.90	4.31	−3.132	.003
売上高成長率	39	3.59	4.05	−3.061	.004
投資利益率(ROI)	39	3.64	3.36	1.764	.086
企業価値	39	2.97	3.03	−1.000	.324
EVA(経済的付加価値)	39	2.85	2.87	−.572	.570

(極めて重要=5,かなり重要=4,普通=3,あまり重要でない=2,関係ない=1)

指標の重要性に対する認識が,価値システムあるいはサプライ・チェーンで異なる機能を担う製造子会社と販売子会社で,同じかどうかを確認するために,標本をペアで比較する対応サンプル t-検定を実施した.結果であるが,経常利益成長率と売上高成長率は,その差が有意で,製造子会社よりも販売子会社でより重視されていた(図表1-14).投資利益率については,逆に,販売子会社よりも,有形資産比率が高い製造子会社で,より重視されていたが,その差は有意でなかった(p 値=.086).

b. 顧客の視点の諸指標

各指標を回答者が最も重視する順序(平均値の高いものから)に並べると,クレーム発生件数,リピート購買率,顧客定着率,年間売上高であった.なお,

クレーム発生件数以外の指標の平均値は4（かなり重要）に達していない（図表1-15）．予見できたことではあるが，リピート購買率，顧客定着率，年間売上高については製造子会社よりも販売子会社が高い重視度を示し，対応サンプルt-検定では，差が有意であった．クレーム発生件数が極めて重要であるとの回答は，製造子会社において21社／45社であり，販売子会社の11社／47社を大きく上回った．ただし，対応サンプルt-検定では差は有意でなかった．

図表1-15 製造子会社と販売子会社の対応サンプルt-検定：顧客の視点

指　　標	企業数(N)	平均値(製造子会社)	平均値(販売子会社)	t値	p値
クレーム発生件数	38	4.16	4.00	1.233	.225
リピート購買率	36	3.31	3.81	−2.918	.006
顧客定着率	36	3.28	3.72	−2.597	.014
年間売上高	36	2.89	3.47	−4.004	.000

（極めて重要＝5，かなり重要＝4，普通＝3，あまり重要でない＝2，関係ない＝1）

c．内部業務プロセスの視点の諸指標

各指標を回答者が最も重視する順序（平均値の高いものから）に並べると，製造子会社では，製品単位当たり製造原価，歩留り率，納期充足率，生産リードタイム，新製品開発期間という順位であり，上位4指標については平均値の高さからして重視していることがわかる（図表1-16）．他方，販売子会社では，納期充足率，新製品開発期間，製品単位当たり製造原価，生産リードタイム，歩留り率であり，常識的な順位であった．しかし，販売子会社の平均値が

図表1-16 製造子会社と販売子会社の対応サンプルt-検定：内部業務プロセスの視点

指　　標	企業数(N)	平均値(製造子会社)	平均値(販売子会社)	t値	p値
製品単位当たり製造原価	33	4.39	2.82	5.871	.000
歩留り率	32	4.22	2.34	7.297	.000
納期充足率	33	4.09	3.55	2.796	.009
生産リードタイム	32	4.09	2.50	5.694	.000
新製品開発期間	33	3.36	2.97	1.744	.091

（極めて重要＝5，かなり重要＝4，普通＝3，あまり重要でない＝2，関係ない＝1）

概して低いことに留意したい.

対応サンプル t-検定の結果であるが,製造・販売子会社間に見られる重視度の差は,危険率（α）10％の水準で全ての指標が有意であり,新製品開発期間以外は極めて（$\alpha=1$％の水準でも）有意であった.製造子会社が全ての指標をより重視しているという結果についてであるが,内部業務プロセスの視点で採択した諸指標が製造子会社向け指標に偏っていたため,と解したい.

d. 学習と成長の視点の諸指標

各指標を回答者が最も重視する順序（平均値の高いものから）に並べると,製造子会社では,離職率,従業員一人当たり研修期間,新製品比率,資格保有率,クロスライセンス成約数という順位であり,販売子会社では,離職率,新製品比率,従業員一人当たり研修期間,資格保有率,クロスライセンス成約数という順位であった（図表1-17）.平均値の低さからしても,際だって重視されている指標はみあたらない.なお,離職率は製造子会社でより重視されているが,販売子会社との差は危険率（α）5％の水準では有意でなかった.

図表1-17 製造子会社と販売子会社の対応サンプル t-検定：学習と成長の視点

指　　標	企業数(N)	平均値(製造子会社)	平均値(販売子会社)	t値	p値
離　職　率	37	3.41	3.22	2.021	.051
従業員一人当たり研修期間	37	3.00	2.97	.329	.744
全製品に占める新製品比率	37	2.95	3.05	−1.160	.254
資　格　保　有　率	37	2.81	2.70	1.160	.254
クロスライセンス成約数	36	2.58	2.53	.349	.729

（極めて重要=5,かなり重要=4,普通=3,あまり重要でない=2,関係ない=1）

(2) 親会社の BSC の導入状況と海外子会社業績指標

調査時点（2004年春）での親会社における BSC の導入状況を尋ねた質問への回答は,導入済みが7社（9.5％）,導入予定を有するが12社（16.2％）,導入の予定がないのが37社（50.0％）,無回答が18社（24.3％）であった（図表1-18,図表1-19）.

研究課題の第二は,親会社における BSC 導入の進捗状況の相違が,海外子

図表 1-18 親会社で導入済み企業

導 入 年	企 業 数
1999	1
2000	2
2001	1
2002	1
2003	1
不明	1

図表 1-19 親会社で導入予定の企業

導入予定年	企 業 数
2004	7
2005	2
2006	1
検討中	2

会社で重視すべきとする業績指標に対する親会社国際部門責任者の認識に影響を与えていることの確認，とりわけ，非財務的指標を重視すべきとする度合いは親会社が BSC を導入している場合に強まるという推察の検証であった．企業を「導入済み企業」群，「導入予定企業」群，「導入予定がない企業」群に分け，次の帰無仮説（$H5_0$）および対立仮説（$H5_1$）を検証し，有意な差を群（グループ）間で示す指標を探った．

$H5_0$　海外子会社業績指標に関する重要性の認識は，親会社における BSC 導入の進捗状況によって差がない．

$H5_1$　海外子会社業績指標に関する重要性の認識は，親会社における BSC 導入の進捗状況によって差がある．

全指標に関するクロス表（導入状況×指標重視度），および順位表（導入状況×平均ランク）を作成した．両表の行となる親会社 BSC の数値（1，2，3）は，群（グループ）の種別を示しており，「導入予定がない企業＝1」，「導入予定企業＝2」，「導入済み企業＝3」である[5]．図表 1-20 のパネル 1 にあるクロス表は，海外販売子会社の「経常利益成長率」に関するものである．行が親会社における BSC の導入状況を，列は「財務の視点」の業績指標である経常利益成長率の重要性に関する親会社国際部門責任者の認識を表している．また，パネル 2 は，「内部業務プロセスの視点」の各指標において，各群（グループ）が示す平均ランクを示すものである．

研究課題での推察は，親会社が導入済みあるいは導入予定の企業の海外子会社で，非財務的指標がより重視されるとした．親会社 BSC については導入済

み＝3，導入予定＝2，導入予定無し＝1であり，また，各指標においては，極めて重要＝5，関係ない＝1で，平均ランクの数字が大きいと重視しているということである．推察通りの方向で仮説が支持されるには，財務的指標については負の相関が，非財務的指標に関しては正の相関が観察される必要がある．

さて，図表1-20のパネル1では，導入予定のない企業の海外販売子会社で，予見通りに，財務的指標である経常利益成長率が重視されているようにみえる．内部業務プロセスの指標における平均ランクを示すパネル2であるが，財務的指標については販売子会社での製品単位当たり製品原価に負の相関が推定できる．また，非財務的指標に関しては販売子会社での新製品開発期間および納期充足率に正の相関が推定できる．なお，財務的指標である販売子会社の経常利益成長率の平均ランクは，親会社でBSC導入済みの企業が11.6，導入予定企業が21.4，導入予定の無い企業が25.43を示しており，予見通りの負の相関関係を示唆する．

図表1-20パネル1にあるクロス表で2要因がともに順序関係にある場合，相関係数でもって2要因の関連性を確認できる．海外子会社業績指標に関する重視度は順序関係で示され，BSC導入の進捗状況（群）も順序関係にあることから，仮説検定に，スピアマンの順位相関係数の検定を用いることにした[6]．

全ての業績指標の中で親会社におけるBSC導入の進捗と相関が最も高かったのは，海外販売子会社の「経常利益成長率」であった（r（相関係数）＝.332，

図表1-20　親会社のBSCの導入状況と海外子会社業績指標

パネル1　データの観察度数をまとめたクロス表（度数）

		経常利益成長率—販売子会社					合　計 (N)
		5	4	3	2	1	
親会社 BSC	1	14	14	2			30
	2	3	6		1		10
	3		3	2			5
合　　計　（N）		17	23	4	1		45

経常利益成長率（極めて重要＝5，関係ない＝1）；親会社のBSC導入状況（導入済み＝3，導入予定＝2，導入予定無し＝1）

パネル2　内部業務プロセスの視点の指標における平均ランク

	親会社 BSC	N	平均ランク
新製品開発期間—製造	1	28	24.50
	2	10	14.70
	3	6	26.17
	合　計	44	
新製品開発期間—販売	1	24	19.04
	2	9	19.33
	3	5	22.00
	合　計	38	
生産リードタイム—製造	1	28	23.04
	2	10	19.65
	3	6	24.75
	合　計	44	
生産リードタイム—販売	1	23	20.65
	2	9	15.67
	3	5	17.40
	合　計	37	
納期充足率—製造	1	27	21.31
	2	10	24.65
	3	6	20.67
	合　計	43	
納期充足率—販売	1	24	18.58
	2	10	21.60
	3	5	23.60
	合　計	39	
歩留り率—製造	1	27	21.09
	2	10	23.70
	3	6	23.25
	合　計	43	
歩留り率—販売	1	23	20.15
	2	9	16.89
	3	5	17.50
	合　計	37	
製造原価—製造	1	28	23.20
	2	10	21.20
	3	6	21.42
	合　計	44	
製造原価—販売	1	23	19.87
	2	10	19.00
	3	5	18.80
	合　計	38	

（平均ランクの数字が大きいと重視；製造＝製造子会社，販売＝販売子会社）

p 値＝.026)．有意ではあるが，この指標でも「やや相関がある」という程度である（図表 1-21 に「財務の視点」にかかわる指標の相関を示した．他の視点にかかわる指標との相関は割愛した）．財務的指標である EVA および企業価値が，正の弱い相関を示したことであるが，これは，新しい管理技法である BSC を導入している企業で，同様に新しい管理コンセプトである EVA や企業価値の評価が高い，ということを示唆しているものと解する．いずれにしても，海外販売子会社の「経常利益成長率」以外に，危険率（α）5％の水準で有意な相関を示した指標はなかった．非財務的指標では弱い負の相関を示す指標が少なくなかったが，正の相関関係も少なからずの指標にみられた．ただし，いずれも有意ではなかった．

図表 1-21 財務の視点の指標の重視度と親会社の BSC 導入状況との相関

Spearman の順位相関係数	相関係数（r）	p 値	企業数（N）
売上高成長率―製造子会社	－.235	.116	46
売上高成長率―販売子会社	－.059	.699	45
経常利益成長率―製造子会社	－.231	.123	46
経常利益成長率―販売子会社	－.332*	.026	45
投資利益率―製造子会社	－.137	.364	46
投資利益率―販売子会社	－.042	.786	45
EVA―製造子会社	.222	.138	46
EVA―販売子会社	.225	.138	45
企業価値―製造子会社	.155	.303	46
企業価値―販売子会社	.211	.163	45

＊ 相関係数は 5％水準で有意（両側検定）

こうした分析結果は，伝統的に非財務的指標も重視する経営管理を推進してきたとされる日本企業が，BSC という経営管理の新しいコンセプトの導入と無関係に，多国籍環境においても財務・非財務を問わず，必要とされる指標は重視していることを示唆する．

(3) 海外子会社で BSC を導入する場合に障害となる要因

研究課題の第三は，包括的な業績指標の体系である BSC を海外子会社に導入しようとする際に何が障害となっているかを確認することである．そこ

で，BSC を導入する場合の障害を4つの選択肢から選んでもらった（複数回答も可とした）．回答結果は図表1-22の通りである．なお，回答結果を，日本本社（親会社）における BSC 導入状況（「導入済み」と「導入予定」）にもとづき区分し，検討した．

図表1-22　海外子会社で BSC を導入する場合に障害となる要因

	回答会社の現況	
	導入済み	導入予定
本社でも BSC を導入した経験がない（35社）	／	8
すでに BSC に類似する方法を用いている（11社）	3	1
現地法人の管理者に BSC を運用できる人材がいない（6社）	2	3
現地法人の従業員が BSC による目標管理に馴染まない（4社）	2	／

日本本社でも BSC を導入したことがないという「経験の有無」を障害であるとした企業が35社あった．BSC の本社での導入を予定している企業12社の中，8社が本社で経験がないことを海外子会社での BSC 導入の障害であるとした．また，海外子会社で BSC 類似の技法を既に導入している企業が11社もあり，これは，日本本社で既に導入している企業数7社を上回る．本社で既に導入している企業7社の中の3社は，海外子会社で類似の方法を導入しているとしており，新たに BSC を海外子会社に導入する考えはない（あるいは必要が無い）としている．海外子会社の従業員が BSC による目標管理に馴染まないと回答した企業が2社あったことにも留意したい．

4.5　多国籍環境での投資決定法

ここでは国際資本予算の実地状況を，(1) プロジェクト・リスクの認識，および (2) 割引キャッシュフロー法の採用と運用，に関して報告する．

(1)　多国籍企業が海外直接投資を行う際のリスク認識について

国内プロジェクト案と海外プロジェクト案の相対的リスク・レベル，および最適事業ポートフォリオの考慮，という2点においてリスク認識のあり方を分析した．

海外投資決定では国内投資に見られないリスク要因が絡み合う．一般に，海外プロジェクト案のリスクを国内プロジェクト案のリスクよりも企業は高く見積もる，と思われているが，図表1-23にあるように，質問票への回答結果は，海外プロジェクト案を無条件に高リスクであるとする企業は65社中31社（47.7%）であった．また，国内プロジェクト案より低リスクであることもあり得るとする企業が24社（36.9%）あった．

図表1-23　既存プロジェクトへの配慮とリスク評価のクロス表 (度数)

	国内より低リスクもある	無条件で高リスク	リスク評価せず	合計 (N)
ポートフォリオ理論を使用	12	9	1	22
主観的に影響を考慮	12	20	9	41
既存プロジェクトへの影響を考慮せず		2		2
合　　計 (N)	24	31	10	65

海外投資プロジェクト案の評価においてポートフォリオ理論[7]における最適事業構成のコンセプトを用いているかどうかの質問であるが，同じく図表1-23にあるように，65社中22社（33.8%）がポートフォリオ理論を使用すると回答している．既存プロジェクトへの影響を「主観的に考慮」すると回答した企業が41社（63.1%）あり，これを含めると，65社中63社（96.9%）が既存事業との関係を考慮するとしている．

(2) 海外投資プロジェクト評価のための割引キャッシュフロー法の採用と運用

割引キャッシュフロー法では，「見積キャッシュフロー」や「割引率」の定義が投資案の評価額を左右する．以下では，割引キャッシュフロー法の採否，考慮・測定すべき見積キャッシュフローの基準ないし対象，および，割引率である資本コストの種類についての調査結果を述べる．

まず，割引キャッシュフロー法の採否であるが，海外プロジェクト案の投資決定に割引キャッシュフロー法を使用しているとの回答は，70社中24社（34.3%）あり，日本の多国籍企業で同技法の使用が緒についたことが分かる．

海外プロジェクト案の評価で考慮・測定すべきキャッシュフローの基準ないし対象に,「海外子会社で発生するキャッシュフロー」と「親会社に帰属するキャッシュフロー」がある.子会社のキャッシュフローを見積もるとしたのは54社／65社（83.1%）あり,子会社と親会社の両方のキャッシュフローを見積もるとしたのが4社（6.2%）,親会社ベースあるいは連結ベースのキャッシュフローを見積もるとしたのはそれぞれ4社であった（図表1-24）.

図表1-24　使用しているキャッシュフローの基準 (N=65社)

①　子会社ベース（54社）,②　親会社ベース（4社）,③　連結ベース（3社）,④　①と②の併用（4社）

続いて,資本コストの算定基準の種類についての調査結果を述べる.海外プロジェクトの投資決定に割引キャッシュフロー法を採用していた24社の中,割引率となる資本コストの算定基準に関する質問項目に回答したのは23社であった.回答の内訳であるが,海外プロジェクト評価に子会社の加重平均資本コスト率（weighted average cost of capital, WACC）を使用しているのは7社であり,親会社の加重平均資本コスト率を使用しているのは11社であった（図表1-25）.ただし,親会社加重平均資本コスト率を使用するとした11社の中で,親会社ベースのキャッシュフローを測定するとしたのは2社に過ぎなかった.

図表1-25　使用している資本コスト算定基準の種類-1 (N=23社)

①　親会社WACC（6社）,②　子会社WACC（3社）,③　親会社の負債コスト（2社）,④　子会社の負債コスト（1社）,⑤　①と②の併用（4社）,⑥　①と④の併用（1社）,⑦　併用（5社）,⑧　主観的に決定（1社）

ファイナンス理論では,親会社ベースの見積キャッシュフローに対応する割引率は親会社の加重平均資本コスト率であり,子会社ベースの見積キャッシュフローに対応する割引率は子会社の加重平均資本コスト率である.割引キャッシュフローを使用している24社の中で見積キャッシュフローを算出しているとしたのは17社で,これら17社全てが子会社キャッシュフローを見積もると回答している.しかし,子会社ベースのキャッシュフローを見積もるとした17社の

中，子会社の加重平均資本コスト率を割引率に用いたのは3社に過ぎなかった（図表1-26）．

図表1-26 使用している資本コスト算定基準の種類-2 （N=17）

① 親会社 WACC（6社），② 子会社 WACC（3社），③ 親会社の負債コスト（2社），④ 子会社の負債コスト（1社），⑤ その他（5社）

以上の結果は，割引キャッシュフロー法の運用に関し，ファイナンス理論がありのままには受容されていないことを示唆する．追加調査が必要であるが，もし，そうであるとすれば，頑健な MBA 教育が行われていない日本の企業風土のもとで理論が軽視されているのか，それとも，割引キャッシュフロー法が費用便益分析（cost/benefit analysis）でいう「割に合わない技法」とみなされている，といったことになろう．

§5 おわりに

本章が論述した研究ドメインは，① 親会社・海外子会社間の権限の位置関係，② 国際移転価格の設定，③ 海外子会社内部管理の IT 化の推進主体の所在，④ 海外子会社内部管理のための業績指標の選択，⑤ 多国籍環境での投資決定法，であった．この「おわりに」では，主要な研究課題と知見の要約，研究の限界，および研究の今後の方向について論述する．ここでの主要な研究課題とは，本章が最も関心を寄せた親会社・海外子会社間の権限の位置関係の解明である．

さて，本章が取り上げた最初の課題は，海外子会社への権限委譲レベルに関して戦略的意思決定と管理的・業務的意思決定の間に差がみられるかどうかの確認であった．「対応サンプルの t-検定」の結果は，海外子会社の所在地にかかわらず戦略的意思決定権よりも管理的・業務的意思決定権の委譲が大幅であり，その差が有意であることを示した．親会社・子会社間の経営組織構造を規定するという影響の大きさなどからして，戦略的意思決定権の海外子会社への

委譲レベルは極めて低かった．第二の研究課題，すなわち権限委譲レベルに所在地による差がみられるかどうかであるが，戦略的意思決定権において，アジア子会社に比べ北米子会社への権限委譲が大幅であり，その差が有意であること，ならびに，管理的・業務的意思決定権において，アジア子会社に比べ北米・欧州子会社への権限委譲が大幅で，その差が有意であることが判明した．

また，個別領域での意思決定権にかかわる親会社と海外子会社の位置関係については，国際移転価格設定権と，海外子会社内部管理IT化推進権を検証の対象とした．国際移転価格の設定に関しては，戦略的意思決定権一般の海外子会社への委譲レベルと，個別領域での戦略的意思決定権の発現といえる国際移転価格設定権の委譲レベルとが，正の相関関係にあると推察した．スピアマンの順位相関係数の検定の結果は，アジア子会社において権限委譲のレベルと設定主体の所在との間に弱い正の相関関係を推定させたが，所在地を問わず，帰無仮説を棄却できなかった．なお，戦略的意思決定権一般や国際移転価格設定権の海外子会社への委譲レベルはともに高くなかった．もう一つの個別領域である海外子会社の内部管理IT化における意思決定権の位置関係であるが，意思決定権一般の海外子会社への委譲レベルと正の相関関係にあるかをスピアマンの順位相関係数の検定を用いて検証した．結果は，海外子会社の内部管理IT化における意思決定権は戦略的あるいは管理的・業務的意思決定権一般の委譲レベルと無関係であるとする帰無仮説を棄却できなかった．また，ともに内部管理にその影響が限定されがちな意思決定権であるが，管理的・業務的意思決定権一般よりも，その個別領域での発現ともいえる内部管理IT化推進権の方が，海外子会社への権限委譲レベルの平均値が高かった．

戦略的意思決定権の海外子会社への委譲レベルと国際移転価格設定権の委譲レベルとが正の相関関係にあるとする仮説が支持されなかったこと，そして，意思決定権一般の海外子会社への委譲レベルと個別領域での権限であるIT化推進権の委譲レベルとが正の相関関係にあるとの仮説も支持されなかったことであるが，これは，多国籍企業組織内の意思決定権一般の位置関係が個別領域での意思決定権の位置関係を一元的に代理しているのでなく，むしろ，個別領

§5 おわりに 35

域の意思決定権の位置関係に強い影響を及ぼす諸要因が存在することを窺わせる．状況適合理論の主張を待つまでもなく，海外子会社で特定の管理会計技法の導入や運用を行う際の意思決定権の位置関係は，当該海外子会社の所在地，業種，規模，設立後の経過年数，マネジメント・スタッフの熟練度といった状況要因，さらには，当該管理会計技法自体の複雑性や成熟度などから影響を受けているということである．

なお，今回の研究は，海外子会社内部管理のための業績指標の選択ならびに多国籍環境での投資決定法という脈絡での親会社・海外子会社間の権限の位置関係については取り上げていない．海外子会社の内部管理のために利用する業績指標の選択において，当事者である当該子会社が自主的決定権を有しているのか，それとも，日本本社が特定の業績評価モデルの使用を指示しているのかは興味深い研究課題である．また，海外直接投資は，海外子会社の新規設立を伴う例と，既存の海外子会社への追加投資の例に分かれ，後者における投資決定プロセスでの権限の位置関係の確認も興味深い．

本研究では海外直接投資の定義を質問票回答者に明示しなかった．典型的な海外直接投資は，調達した資金を日本本社が自らの意思により海外に投資するというケースであろう．他方，日本本社が拠出した資金を原資とする海外子会社による投資決定，あるいは内部蓄積ないし自己調達した資金を原資とする海外子会社による投資決定は，多国籍企業の広義の海外直接投資といえよう．定義のあいまいさに起因する研究デザインの脆弱性は，多国籍環境における投資決定法に関する本研究の内部妥当性（internal validity）ならびに外部妥当性（external validity）を弱めている．各海外子会社の設立目的や権限の位置関係は多様であり，広義の海外直接投資におけるプロジェクト・リスクの認識や割引キャッシュフロー法の採用と運用にかかわる知見は，典型的な海外直接投資の場合の知見と異なることも想定される．

他にも今回の研究はいくつかの問題を残している．とりわけ，知見が親会社国際部門責任者の認識に依拠しており，海外子会社サイドの認識を全く確認していないことは，知見の一般化（generalization）ないし外部妥当性の制約に

なっている．また，質問票からのデータは，意思決定権の位置関係に対するアジア，北米，欧州という所在地の影響，とりわけ文化的近接性（cultural proximity）や物理的・地理的近接性（physical and geographical proximity）の影響を分析するには不十分であった．したがって，今後の研究では，研究課題の絞り込み，質問項目を含む研究デザインの精緻化が必要であることを申し添えておきたい．とりわけ，多様な要因の影響を制御できる研究デザインが望ましい．

注

1) 本書は，委員会各委員が各々の関心領域に関して行った分析結果を，次章以降にそれぞれ研究報告として収録している．
2) 状況適合理論（contingency theory）については，上埜進著，1997，『日米企業の予算管理──比較文化論的アプローチ──増補版』，pp. 14-15. を参照されたい．
3) 変量間の相関関係の確認には，パラメトリック検定のピアソンの相関係数の検定（Pearson's correlation coefficient test），あるいはノンパラメトリック検定のスピアマンの順位相関係数の検定（Spearman's correlation coefficient by rank test）を用いる．ピアソンの相関係数の検定は2変量が連続変数で，かつ正規分布である場合に用いる．他方，スピアマンの順位相関係数の検定は，2変量が，連続変数で正規分布から偏っている場合や，離散変数の場合に使用する．
4) 相関係数（r）の検定は母集団が無相関（母相関係数 $\rho=0$）であるかどうかの検定である（$H_0: \rho=0$）．相関係数の優位性を示す p 値はデータ数の影響を受けるので，相関の強弱の判定は，p 値ではなく，相関係数の値によって行う．相関関係の強さの目安は次の通りである．

    0.0 から 0.2 あるいは　0.0 から -0.2 → ほとんど相関がない
    0.2 から 0.4 あるいは -0.2 から -0.4 → やや相関がある
    0.4 から 0.6 あるいは -0.4 から -0.6 → 相関がある
    0.6 から 0.8 あるいは -0.6 から -0.8 → 強い相関がある
    0.8 から 1.0 あるいは -0.8 から -1.0 → 極めて強い相関がある

5) 「導入済み企業」，「導入予定企業」，「導入予定がない企業」といった群間における重視度の順位付けや比較には問題がある．スケールに対する感応度が企業（＝回答者）毎に異なるにも関わらず，各群が全く別の企業（＝回答者）で構成されるからである．独立の群間での Likert scale による単純な順位付けや比較は，故に頑健性に欠ける．なお，各群が同一の企業（＝回答者）で構成されているなら，

§5 おわりに　37

この脈絡での群の順位付けや比較は意味がある．
6) 本文ではスピアマンの順位相関係数の検定結果を報告したが，クラスカル・ワーリス検定のH検定（Kruskal-Wallis test）も実施してみた．クラスカル・ワーリス検定のH検定は，データの観察度数を m×n のクロス表にまとめたとき，1つの要因に順序関係がある場合，この順序関係にもとづいて，もう一つの要因である3つ以上の分類（群）の間に差があるかどうかを検定するものである．グループ化変数は3群であり，順序関係のある要因は，ここでは諸指標のことである．すなわち，指標の重視度であるスケール5−1という順序関係にもとづいて，グループ化変数である3群の間に差がみられるかを検定する．分析結果であるが，3つの群間に有意な差を見せた指標は販売子会社の経常利益成長率だけであった（図表1−27，漸近有意確率＝.048）．この結論はスピアマンの順位相関係数の検定結果と同じである．

図表1−27　クラスカル・ワーリス検定における検定統計量＊

	カイ2乗	自由度	漸近有意確率
売上高成長率−製造子会社	2.705	2	.259
売上高成長率−販売子会社	.158	2	.924
経常利益成長率−製造子会社	3.129	2	.209
経常利益成長率−販売子会社	6.088	2	.048
投資利益率−製造子会社	.982	2	.612
投資利益率−販売子会社	.527	2	.768
EVA−製造子会社	2.610	2	.271
EVA−販売子会社	2.247	2	.325
企業価値−製造子会社	1.108	2	.575
企業価値−販売子会社	2.047	2	.359

＊　グループ化変数：親会社でのBSC導入状況

7) ポートフォリオ理論は，投資プロジェクトのリターンの平均，分散，投資プロジェクト間の共分散等を測定し，それらをポートフォリオ・モデルに変数として挿入している．

参　考　文　献

Baliga, B. R. and A. M. Jaeger, 1984, "Multinational Corporations: Control Systems and Delegation Issues," *Journal of International Business Studies*, 15 (2): 25-39.

Birkinshaw, J. M. and A. J. Morrison, 1995, "Configuration of Strategy and Structure in Subsidiaries of Multinational Corporations," *Journal of International*

Business Studies, 26 (4): 729-753.

Cray, D., 1984, "Control and Coordination in Multinational Corporations", *Journal of International Business Studies*, 15 (2): 85-98.

Czinkota, M. R., et al., 1994, *International Business (3rd Ed.)*, Dryden Press.

Daniels, J. D., et al., 2004, *International Business (10th Ed.)*, Pearson Prentice Hall.

Gates, S. R. and W. G. Egelhoff, 1986, "Centralization in Headquarters-Subsidiary Relationship," *Journal of International Business Studies*, 17 (2): 71-92.

Geringer, M. and L. Hebert, 1989, "Control and Performance of International Joint Ventures", *Journal of International Business Studies*, 20 (2): 235-254.

Meng, L. S. and C. T. Tan, 1993, "Managing across Borders ; An Empirical Test of the Bartlett and Ghoshal [1989] Organization Topology," Journal of International Business Studies, 24 (3): 449-464.

Rugman, A. M. and A. Verbeke, 1992, "A Note on the Transnational Solution and the Transaction Cost Theory of Multinational Strategic Management," *Journal of International Business Studies*, 23 (4): 761-772.

Ueno, S. and U. Sekaran, 1992, "The Influence of Culture on Budget Control Practices in the U. S. A. and Japan : An Empirical Study," *Journal of International Business Studies*, 23 (4): 659-674.

Ueno, S. and F. Wu, 1993, "The Comparative Influence of Culture on Budget Control Practices in the United States and Japan," *The International Journal of Accounting*, 28 (1): 17-39.

上埜　進, 2004　『管理会計――価値創出をめざして――第2版』, 税務経理協会.

上埜　進, 2003　「会計学の研究方法とパースペクティブ」,『会計』, 164 (5): 1-14.

上埜　進, 2001　「業績指標と企業価値――管理会計の視点――」,『会計』, 160 (1): 27-38.

上埜　進, 1997　『日米企業の予算管理――比較文化論的アプローチ――増補版』, 森山書店.

上埜進・杉山善浩・島吉伸・窪田祐一・吉田栄介, 2005　『管理会計の基礎――理論と実践――』, 税務経理協会.

中川　優, 2004　『管理会計のグローバル化』, 森山書店.

長谷川俊明, 2005　「新会社法における海外子会社の経営監視」,『ビジネス法務』, 5 (12): 27-33.

柳井久江, 1998　『4 Steps　エクセル統計』, オーエムエス.

第2章 多国籍企業における国際移転価格の役割
―― 日系多国籍企業の実務 ――

大阪大学 椎 葉 淳

§1 はじめに

　親会社―海外子会社間等の取引における国際移転価格は，親会社・子会社の利益計算に必要であると同時に，国による税制の違いから全社的な税金の支払い総額に影響を与え，またキャッシュフローの配分を通して子会社の競争力にも影響を与える．このような点から，国際移転価格は多国籍企業全体の企業価値を決定付ける重要なメカニズムであると言える．本章では，国際移転価格に関する基本的な事項について，アンケート調査の結果を参照しながら確認していくことにしたい．なお，本章では，移転価格税制との関連からの考察は行っておらず，より基礎的な移転価格の機能について確認していくことを目的としている[1]．

　本章で対象としている国際移転価格に関する基本的な事項とは次の二点である．第一に，国際移転価格に限らず，一般的に移転価格の設定方法についてのより意味のある分類を提示する．そして，そのような分類に基づいたアンケート調査の結果を紹介する．具体的には，移転価格の設定方法を，設定過程（誰が設定するのか）と設定基準（何を基準にして価格を設定しているのか）という2つの観点から特徴付ける．設定過程と設定基準とは異なる概念であるにもかかわらず，これまでの移転価格に関する研究では両者の区別が十分ではない．特に国際移転価格においては，親会社―海外子会社間など，内部取引を行う部

門が比較的独立していると考えられるため,このような分類によれば設定過程についてより明確に把握することが可能となる.

本章では第二に,国際移転価格の設定に直接影響する要因(税制,業績評価,資金繰りなどの要因)を調査し,どの要因が最も重要であるかを調査する.また,それらの要因によってどのような移転価格の設定方法が選択されているかを明らかにする.上述のように本章では移転価格を設定過程と設定基準に分けて把握することから,どのような要因によって移転価格の設定方法が決定づけられるかを,これまでよりも明確に議論することができる.

なお,本調査において,移転価格を利用していると回答した企業は,74社のうち44社にとどまっている.サンプル数が十分ではないため,この点には注意する必要がある[2]).

§2 移転価格の設定方法

2.1 定 義

国際移転価格は親会社—海外子会社間等の企業内取引を行う際に設定される.Williamson (1985) および高尾 (1996) において指摘されているように,いかなる取引にも「取引を組織する側面」と「取引に関わる情報処理・情報伝達の側面」の二つの側面が存在すると考えることができる.このことは多国籍企業における企業内取引についても当てはまる.特に移転価格の設定との関係で言えば,親会社と子会社の取引を組織する側面とは,どのようなプロセスによって移転価格を設定するかということである.本章ではこのことを移転価格の設定過程と呼ぶことにする.一方,親会社と子会社の取引に関わる情報処理・情報伝達の側面とは,何を基準にして移転価格の具体的な金額を決定するかということである.本章ではこのことを移転価格の設定基準という.すなわち,移転価格の設定方法は,設定過程と設定基準によって特徴付けられると考えることができるのである.以下,親会社—海外子会社間の取引を前提にして,移転価格の設定過程と設定基準についてもう少し詳しく説明しておく.

まず，移転価格の設定過程とは，誰がどのように移転価格を決めるかということであり，具体的には本社の指示に基づく指令価格と本社と海外子会社との交渉に基づく交渉価格がある．前者は集権的な方法であり，後者は分権的な方法であると言えるが，これらの中間的な方法も考えられる．例えば，原価加算利益に基づいて移転価格を設定することは本社が決定しているが，その利益部分については本社と海外子会社との交渉によって決定するという場合が考えられる．

　次に，移転価格の設定基準とは，移転価格を設定する際に何を基準とするかということであり，原価を基礎とする原価基準と市場価格を基礎とする市価基準に大別できる．原価基準はさらに，全部原価による方法と変動原価による方法とに大きく分けられ，それぞれについて実際原価あるいは標準原価が用いられる可能性がある．市価基準における市価としては，中間製品が外部で取引されている場合にはその市価が，中間製品が外部で取引されていない場合には類似製品の市価が考えられる．その際，販売費および輸送費などの外部取引に固有の費用や数量割引などを考慮する可能性もある．なお，原価加算利益による方法は，原価を基礎としていることから原価基準と言えるが，その一方で，外部取引に使用される場合には市価基準とも言える．この方法をどちらに分類するかは論者によって異なっているが，本章では原価加算利益による方法は原価基準の移転価格に分類している．

2.2　既存研究における分類

　本章では移転価格の設定方法を設定過程と設定基準という概念を用いて定義したが，このような概念を用いずに分類することもよく行われる．例えば，Horngren et al. (2002, p. 759) では市価基準移転価格，原価基準移転価格，交渉移転価格の3つに分類されている．また，Atkinson et al. (2001, p. 536) では，設定過程と設定基準を区別せず，市価基準移転価格，原価基準移転価格，交渉移転価格，指令移転価格の4つの方法があるとしている．

　本調査と既存の調査との最大の違いは，移転価格の設定方法の把握をより厳

密にしている点にある．すなわち，一般的な取引の概念から考えると，移転価格については設定過程（誰が設定しているか）と設定基準（何を基準にしているか）に分けて把握することが重要と考えられ，そのような分類にしたがって移転価格に関する問題を考察する．

§3 移転価格の設定方法に関する調査結果

3.1 移転価格の設定過程

本調査において，移転価格を利用していると回答した企業は，74社のうち44社（59.46％）であった．まず，移転価格の設定過程（誰が設定しているか）について，図表2-1の結果を得た．なお，本章では複数の回答をしている企業についてはそれぞれ数えているため，合計は回答企業数よりも多くなっている．図表2-1より，移転価格の設定過程については，親会社主導と親子会社間の交渉がともに20社で最も多かった．この設定過程に関する調査結果からは，親会社主導と比べて子会社主導の企業は非常に少ないことが明らかであり，日本の多国籍企業の子会社について，分権化の度合いが低い可能性を示唆している．

図表2-1 移転価格の設定過程

設定過程	企業数（社）	設定過程	企業数（社）
親 会 社	4	子会社主導	2
親会社主導	20	子 会 社	1
交 渉	20	合 計	47

3.2 移転価格の設定基準

次に，移転価格の設定基準（何を基準にしているか）について，図表2-2の結果を得た．この結果によれば，中間製品については原価基準が比較的多く，最終製品（販売子会社への振替）については市価基準が比較的多いことが分かる．また，二重価格あるいは数理計画法といった方法により移転価格を設定している企業はなかった．

§3 移転価格の設定方法に関する調査結果　43

図表 2-2　移転価格の設定基準 (1)

設 定 基 準	中間製品	最終製品
市　場　価　格	11	20
総　　原　　価	8	6
製　造　原　価	7	1
変　動　原　価	2	0
原価加算利益（通常の利益）	11	11
原価加算利益（通常の利益より大）	1	0
原価加算利益（通常の利益より小）	3	4
二　重　価　格	0	0
数　理　計　画　法	0	0
利　益　分　割　法	2	2
合　　　　計	45	44

　この図表 2-2 を市価基準と原価基準を対比するかたちでまとめると，次の図表 2-3 のようになる．この図表 2-3 からは，中間製品に関しては原価基準の方が多く，最終製品については市価基準と原価基準との差がほとんどないことが分かる．

図表 2-3　移転価格の設定基準 (2)

設 定 基 準	中間製品	最終製品
市　価　基　準	11	20
原　価　基　準	32	22
そ　の　他	2	2
合　　　　計	45	44

　この設定基準に関する結果は設定過程の結果と整合的であると考えられる．すなわち，子会社の分権化の度合いが低く，完全に独立した企業間の関係とは異なるため，市価基準があまり利用されていないと考えることができる．

　このことはまた次のように解釈することができる．仮に企業内取引であっても，取引を行う各部門が完全に独立して行動するならば，それは企業間取引と変わるところはない．しかし，企業内取引においては，本社が全社的な視点から企業価値を最大化するように意思決定を行うと予想される．移転価格の設定

にはそのような本社の戦略的な意思決定という側面があり，その点こそ企業内取引と企業間取引との相違点であるはずである．すなわち，ここでの結果は，多国籍企業における海外子会社の位置付けが，独立した事業単位というよりも，単なる市場取引では実現できないような，親会社─子会社間の連携を期待したものになっているとみることができる．

3.3 移転価格の設定方法

本調査では，移転価格の設定方法を，設定過程と設定基準とに分けて把握したが，これらの間には何からの関係があると予想される．この点を明らかにするために作成したのが，次の図表2-4と図表2-5である．なお，これらの図表では，設定基準については原価基準と市価基準に分けている．また，設定過程については，親会社，親会社主導，子会社，子会社主導をすべて「指令」移転価格と称している．

図表2-4　移転価格の設定方法（中間製品）

設定過程 \ 設定基準	原価基準	市価基準	合　計
指　　令	18	3	21
交　　渉	10	7	17
合　　計	28	10	38

図表2-5　移転価格の設定方法（最終製品）

設定過程 \ 設定基準	原価基準	市価基準	合　計
指　　令	13	9	22
交　　渉	8	11	19
合　　計	21	20	41

これらの図表から分かるように，全体として，指令移転価格による場合，設定基準については原価基準が多くなっている．このように指令移転価格が用いられ原価基準による移転価格が設定されていることは，移転価格に関して，全

社レベルでの調整がなされており，独立した企業間での取引では実現できない効果が期待されているものと理解することができる．ただし，交渉移転価格については最終製品については市価基準の方が多いが，中間製品については原価基準の方が多くなっている．通常は交渉移転価格は独立した企業間取引と同様のものと考えられることが多いが，独立した企業間における交渉と，親子会社間との交渉では異なっており，そのためこのような結果が得られたと考えられる[3]．

3.4 従来の研究との比較

上述したように，本研究ではサンプル数が少ないため，従来の研究と比較しておくことは重要であろう．ただし，繰り返し指摘しているように，本章では移転価格の設定方法をこれまでとは異なる基準で分類している．これまでの研究と比較する際にはこの点には注意が必要である．このため，次の図表2-6においては，指令かつ原価基準を「原価基準移転価格」，交渉かつ原価基準を「交渉移転価格」，設定基準が市価である場合を「市価基準移転価格」としている．また，本調査の結果は中間製品についての結果である．

図表2-6 従来の研究との比較

	本調査 (中間製品)	Al-Eryani et al. (1990)	Tang (1992)	Borkowski (1992)	Cravens and Shearon, Jr (1996)[4]
市価基準 移転価格	26%	35%	46%	33%	35%
原価基準 移転価格	47%	49%	41%	52%	45%
交渉移転価格	26%	15%	13%	15%	19%
合　計	100%	100%	100%	100%	100%

図表2-6から分かるように，全体の傾向としては従来の研究結果と同一になっていると言える．すなわち，原価基準移転価格が最も高く，次に市価基準移転価格，最も少ないのが交渉移転価格となっている点はTang (1992) 以外

は一致している．ただし，市価基準移転価格については従来の研究より低く，交渉移転価格については高くなっていることが分かる．調査対象の時期および調査対象企業の国籍などが異なっていることによる可能性も大きいが，設定過程と設定基準を区分しない場合，交渉移転価格と市価基準移転価格の区別はかなりあいまいにならざるをえず，このことが影響している可能性もある．実際，図表2-6において本調査において交渉移転価格としているのは，交渉かつ原価基準に当てはまるもののみであり，もしも交渉かつ市価基準に当てはまるものも「交渉移転価格」に分類した場合には，本調査では45％が交渉移転価格という結果になる．したがって，設定過程と設定基準を厳密に区別しない場合には，市価基準移転価格の割合が高くなり，交渉移転価格の割合が低くなる可能性があると考えられる．また，このことは，これまでの多くの移転価格研究において，結果の解釈について問題のある可能性を示唆している．

なお，日本の多国籍企業に関する調査を行っている清水（1992）においては，交渉移転価格という分類はなく，本章でいう設定基準のみを調査対象としている．設定基準について清水（1992）と比較すると次の図表2-7を得る[5]．

図表2-7　清水（1994）との比較

設定過程	本　調　査	清水（1994）
市　価　基　準	24％	35％
原　価　基　準	71％	44％
そ　の　他	4％	21％
合　　　計	100％	100％

§4　国際移転価格の役割

4.1　影響要因

次に，国際移転価格の設定における影響要因をまとめたものが図表2-8である．

また図表2-9は，「極めて重要」を5，「重要」を4，「普通」を3，「あま

§4 国際移転価格の役割　47

図表 2-8　移転価格設定の影響要因 (1)

	極めて重要	重要	普通	あまり重要でない	関係ない
全社利益の最大化	18	20	8	0	0
税制の相違	4	13	21	6	2
利益・配当の本国送金の制限	3	13	18	10	2
税法その他諸法令に従うこと	24	15	5	1	1
進出国政府との良好な関係	3	10	23	8	2
海外子会社の資金繰り	4	22	14	4	2
海外子会社の競争力確保	12	27	7	0	0
海外子会社の業績評価	3	11	28	4	0
簡便性	1	14	23	4	3

り重要でない」を2,「関係ない」を1とする5点で評価し,平均値の高い要因から並べている.

図表 2-9　移転価格設定の影響要因 (2)

順位	要因	平均
1	各国の税法その他諸法令に従うこと	4.24
2	全社利益の最大化	4.22
3	海外子会社の競争力確保	4.11
4	海外子会社の資金繰り	3.26
5	海外子会社の業績評価	3.11
6	税制の相違	2.93
7	簡便性	2.89
8	進出国政府との良好な関係	2.70
9	利益・配当の本国送金の制限	2.63

この結果によれば,税法その他諸法令に従うこと (4.24),全社利益の最大化 (4.22),および海外子会社の競争力確保 (4.11) が高い値になっている.このことは,法令への遵守という制約がきつい一方で,全社利益の最大化や海外子会社の競争力確保といった点を考慮し,全社的な経営戦略によって国際移転価格が決定されていることを示している.

なお,質問項目は異なっていることから直接の比較は難しいが,清水 (1994) では,同様の点数を付けた結果,「海外子会社の競争力の確保」が 4.4

点で最も高く，続いて，「連結・非連結を含めたグループ企業の利益最大化」が4.2点，「連結ベースの利益最大化」が4.1点となっている．本調査における「各国の税法その他諸法令に従うこと」に対応するものは清水（1994）にはないが，その他については整合的な結果となっていると言える．

4.2 移転価格の設定方法と影響要因の関係

次に，上記の上位3つの要因と移転価格の設定方法がどのような関係にあるかを考察しよう．まず，税法その他諸法令に従うことを重視している企業は，設定基準に関しては，原価よりも市価を利用する傾向が高いと考えられる[6]．図表2-10によれば，最終製品については，極めて重要と答えた企業は原価よりも市価を用いる傾向にあるが，中間製品については当てはまっていない．ただし，中間製品，最終製品ともに，市価を利用している場合には，税法その他諸法令に従うことを極めて重要と位置づけている企業がほとんどであるが，原価を利用している場合にはその傾向は市価を利用している企業ほどに強くない．この点では上記の予想と整合的であると言える．

図表2-10 移転価格の設定方法と影響要因 (1)

設定方法 税法その他 諸法令に従うこと	設定基準 （中間製品）		設定基準 （最終製品）		設定過程	
	市価	原価	市価	原価	交渉	指令
極めて重要	6	12	13	9	13	12
重要	2	11	4	10	5	10
普通	1	4	2	2	2	3
あまり重要でない	0	1	1	1	0	1
関係ない	1	0	1	0	1	0
合計	10	28	21	22	21	26

次に，国際移転価格の設定における影響要因のうち，二番目に重要とされている全社利益の最大化について，同様の図表を作成すると次のようになった．この図表2-11によれば，中間製品については，極めて重要と答えている企業の多くは原価基準の移転価格を用いていることが分かる．また設定過程につい

ては，極めて重要と答えている企業はより指令移転価格を選択する傾向にある．これらの結果は，多国籍企業が全社利益を最大化するため，企業内取引において戦略的な行動をしているとの仮説と整合的である．

図表2-11　移転価格の設定方法と影響要因(2)

設定方法 全社利益の 最大化	設定基準 (中間製品)		設定基準 (最終製品)		設定過程	
	市価	原価	市価	原価	交渉	指令
極めて重要	3	10	9	8	8	14
重　　要	6	13	10	9	9	9
普　　通	1	5	2	5	4	4
あまり重要でない	0	0	0	0	0	0
関係ない	0	0	0	0	0	0
合　　計	10	28	21	22	21	27

最後に，国際移転価格の設定における影響要因のうち，三番目に重要とされている海外子会社の競争力確保について，同様の図表を作成すると図表2-12のようになった．海外子会社の競争力確保を重視する場合，独立した企業間との取引とは異なるように移転価格の設定が行われていることが予想される．すなわち，設定基準については市価基準よりも原価基準が，設定過程について交渉よりも指令がより用いられていることが予想される．

図表2-12　移転価格の設定方法と影響要因(3)

設定方法 海外 子会社の 競争力確保	設定基準 (中間製品)		設定基準 (最終製品)		設定過程	
	市価	原価	市価	原価	交渉	指令
極めて重要	2	8	9	5	7	5
重　　要	6	16	8	15	11	16
普　　通	2	4	4	2	6	3
あまり重要でない	0	0	0	0	0	0
関係ない	0	0	0	0	0	0
合　　計	10	28	21	22	24	24

この図表2-12から，中間製品の設定基準については，海外子会社の競争力

確保について極めて重要と回答している企業には，原価基準を採用している企業が多いことが分かる．しかし，最終製品の設定基準および設定過程については予想とは異なる結果となっている．

§5 おわりに

本章では第一に，移転価格の設定方法について，設定過程と設定基準という2つの観点から移転価格の設定方法を特徴付けた．このような分類は国際移転価格に限らず移転価格全般に関しても当てはまるものであるが，これまでの移転価格に関する研究では両者の区別が十分ではなかった．したがって，これまでの移転価格研究による結果は慎重に解釈する必要があることを指摘した．また第二に，国際移転価格設定に直接影響する要因（税制，業績評価，資金繰りなどの要因）を調査し，それらの要因によってどのような移転価格の設定方法が選択されているかを調査した．ただし，サンプル数の問題から統計的な処理は行っておらず，より頑健な証拠を得るためにはさらなる調査が必要である．

注
1) 多国籍企業における移転価格に関するサーベイは，頼（1991，1992）およびLeitch and Barrett (1992) で与えられている．
2) 日本企業に関する国際移転価格の調査には，清水（1994）がある．清水（1994）では，400社に発送し，42通回収，うち有効回答は31通であった．
3) 企業内取引と企業間取引の相違点を明らかにすることについての重要性については，椎葉（1999）を参照のこと．
4) Cravens and Shearon, Jr (1996) は，市価基準，原価基準，交渉の他に，複数の方法（Multiple Methods）という第四の区分を設定しており，この区分について7％と報告しているが，比較のために無視している．
5) 図表2-7における結果は，清水（1994, p. 135）における第6表「国際振替価格の種類」の合計欄を用いて作成した．
6) Al-Eryani et al. (1990) において，同様の仮説が提示されている．

参 考 文 献

Al-Eryani, M. F., P. Alam, and S. H. Akhter, 1990, "Transfer Pricing Determinants of U. S. Multinationals," *Journal of International Business Studies* 21 (3): 409-425.

Atkinson, A. A., R. D. Banker, R. S. Kaplan, and S. M. Young, 2000, *Management Accounting (3rd Ed.)*, Prentice Hall.

Borkowski, S. C., 1992, "Organizational and International Factors Affecting Multinational Transfer Pricing," *Advances in International Accounting* 5: 173-192.

Cravens, K. S., and W. T. Shearon, Jr, 1996, "An Outcome-Based Assessment of International Transfer Pricing Policy," *The International Journal of Accounting* 31(4): 419-443.

Horngren, C. T., S. M. Datar, and G. Foster, 2002, *Cost Accounting: A Managerial Emphasis (11th Ed.)*, Prentice Hall.

Leitch, R. A., and K. S. Barrett, 1992, "Multinational Transfer Pricing: Objectives and Constraints," *Journal of Accounting Literature* 11: 47-92.

Tang, R. Y. W., 1992, "Transfer Pricing in the 1990s," *Management Accounting (US)* 73 (February): 22-26.

Williamson, O. E., 1985, *The Economic Institutions of Capitalism: Firms, Markets, and Relational Contracting*, The Free Press.

椎葉 淳, 1999,「振替価格の戦略的設定」,『大阪大学経済学』48 (3・4): 343-355.

清水 孝, 1994,「国際振替価格の設定に関する企業実務の実態調査」,『朝日大学経営論集』9 (1): 129-140.

高尾裕二, 1996,「取引の統治構造と会計システム (1)・(2)」,『会計』149 (6): 37-47,『会計』150 (1): 103-111.

頼 誠, 1991,「多国籍企業の振替価格設定基準と影響要因」,『彦根論叢』270・271: 163-192.

頼 誠, 1992,「国際振替価格研究における留意点」,『彦根論叢』276・277: 205-243.

第3章　管理会計における IT 活用
――日系多国籍企業の実務――

甲南大学　長 坂 悦 敬

§1　はじめに

　多国籍企業は相当の規模の企業で，数カ国に子会社をもち，かつ，その経営管理者が多国籍という新たな環境要因に対処する事を要求されている状況にある企業であるといわれる（宮本，1989）．ビジネスのグローバル競争が激化する今日，多国籍企業の経営戦略意思決定および経営管理意思決定には IT（情報技術）が重要な役割を担うことは間違いない（宮本，2003；上埜，2002）．すなわち，多国籍企業では，情報共有のために，インターネットによる文書伝達から始まり，情報開示や決裁にグループウェアを利用したり，リアルタイムに各事業所での会計数値を管理，集約するために ERP（Enterprise Resource Planning）の活用などが進んでいる．

　本章では，第1章で説明されている日本管理会計学会「多国籍企業研究委員会」アンケート調査（2004年2月）に基づき（上埜他，2004），多国籍企業で実際にどのような管理会計情報システムがどの程度使われ，効果を上げているかに注目し，実態調査をもとに考察した．

　通信と IT の活用の出来・不出来は組織効果を大いに規定する（上林，2001）．また，ビジネス・プロセスはビジネス・モデルの基本構成要素で IT は個々のビジネス・プロセスにも大いに影響を与える．また，日系多国籍企業において，本社と海外法人との権限委譲レベルがビジネス・プロセスによって異なることが予想される．情報共有を実現するために ERP がどの程度の役割

を果たしているのか．マネジメント・コントロールならびにオペレーショナル・コントロールが ERP のプラットホームにのっているのか，あるいは，プラットホームの共有がない独立の職能アプリケーション・ソフトにもとづくものなのか．日系多国籍企業には，本社主導で戦略的に IT 化を推進している場合と現地法人が自律分散的に IT 化を進め，ネットワーキングによってデータ共有のみをはかるという 2 つの方向性がある．業種，業態およびマネジメント・コントロールならびにオペレーショナル・コントロールとこれらの IT 戦略との関係についても考察した．

§2 多国籍企業におけるビジネス・プロセスと管理会計

2.1 多国籍企業におけるビジネス・プロセス

　どのような顧客に対して，いかなる技術をもって，何を提供するのか？　それが，コア・バリューであり，コア・バリューを生み出すためには，コア・コンピタンスと具体的な基幹プロセス，さらにはそれを支える管理・支援プロセスが必要になる．

　APQC（American Productivity Quality Center，全米生産性品質センター）は，経営改革レファレンスモデルとして13業務プロセスを対象にした上位モデル，これをさらに細分化した下位モデルを提示している．これは，米国産業の競争力強化を目指して1987年 8 月に制定された，顧客の視点で卓越した経営に取り組む企業を大統領が表彰するマルコムボルドリッジ賞（Malcolm Baldrige National Quality Award）の評価枠組を提供するものである（http://www.quality.nist.gov/）．

　これによると基幹プロセスとして，下記の 7 つのプロセスが分類されている．

　　1　市場および顧客の理解
　　2　ビジョンと戦略の策定
　　3　製品およびサービスの設計
　　4　マーケティングと販売

5 生産と出荷（製造業）

6 サービス提供（サービス業）

7 顧客への請求とサービス

さらに，管理・支援プロセスとして，次の6つのプロセスがある．

8 人材の開発と管理

9 情報管理

10 財務管理および有形資産管理

11 環境管理

12 渉外管理

13 成果レビューとプロセス改善

　多国籍企業におけるビジネス・プロセスの展開は，組織構造と大いに関係している．多国籍企業の組織は，一般に，国際事業部構造，職能別グローバル構造，地域別グローバル構造，製品別グローバル構造，およびグローバル・マトリックス構造の5つが基本となる構造と考えられている（宮本，1989）．例えば，ビジョンと戦略の策定は国内本社で実施し，製品およびサービスの設計については特定製品のみは国内本社で他の製品は海外現地法人に権限委譲する，生産方法，管理は国内のやり方を踏襲するが物流管理などは現地にまかせるというように，知識移転の程度，権限委譲の程度は各企業によって異なり，それによって組織構造も異なってくる．これをプロセスの視点でみれば，国内本社，事業所，海外現地法人の構造は例えば図表3-1のよう模式的に表すことができるだろう（寺本・岩崎，2000；高橋，2001，一部修正）．

　本社での基幹・管理プロセス，国内事業所での基幹・管理プロセス，海外子会社での基幹・管理プロセスは互いに疎または密結合し，多国籍企業全体の企業価値を形成している．このプロセス・マネジメントに管理会計は重要な役割を果たしているが，多国籍企業において管理会計が十分に機能するためには情報ネットワークとITツールは不可欠である．

56　第3章　管理会計における IT 活用

図表3-1　プロセス視点で見た多国籍企業の構造

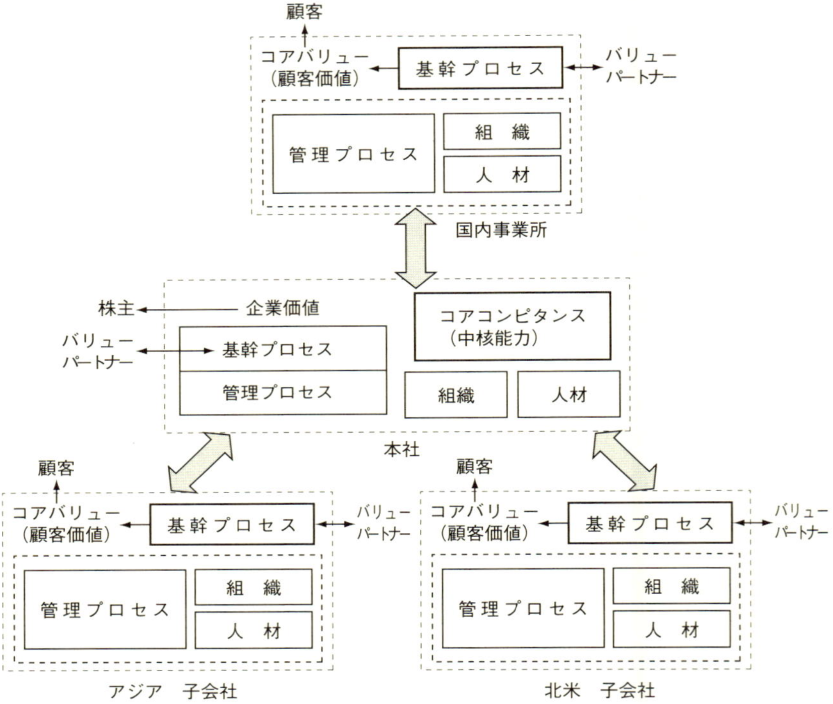

2.2 IT とビジネス・プロセスの関係

　IT は，すべてのビジネス・プロセスに対して，直接および間接的に影響を与えている．日本管理会計学会，企業調査研究プロジェクト「戦略的プロセス管理専門委員会」(李健泳委員長)では，ビジネス・プロセス管理について，2004年3月にアンケート調査を実施している（長坂・坂手，2005）．

　その結果において，プロセス・マネジメントの IT ツールとして CRM (Customer Relationship Management) システム，ナレッジマネジメントシステム，データマネジメントシステム，ERP (Enterprise Resource Planning)，SCM (Supply Chain Management) ソフトウェア，EDI (Electronic Data Interchange) システムという IT ツールの導入状況と導入予定について図表

3-2のようになっている．この中ではEDIの導入が一番進んでいることがわかる．続いてERPの導入済み企業が多く，今後5年間でERPの導入はさらに進みそうである．ERPの役割が大きくなっていることがうかがえる．

図表3-2　ITツールの導入状況（2004/3調査，193社）

	既に導入済み	今後5年間で導入予定	導入予定なし
CRM	32	69	94
ナレッジマネジメント	32	76	75
データマネジメント	29	74	82
ERP	45	77	64
SCM	32	68	84
EDI	101	45	41

図表3-3　導入ITツールと今後のプロセス改革の関係（カイ2乗検定，p値）

今後5年間の改革	CRM	ナレッジマネジメント	データマネジメント	ERP	SCM	EDI
B to C	0.005**	0.450	0.458	0.534	0.001*	0.892
B to B（グループ外）	0.076	0.734	0.040*	0.159	0.003**	0.026*
B to B（グループ内）	0.119	0.367	0.463	0.583	0.051	0.308
企業内基幹プロセス	0.441	0.720	0.600	0.040*	0.229	0.155
企業内支援・管理プロセス	0.278	0.883	0.838	0.062	0.269	0.429

*p<0.05　**p<0.01

この結果と今後5年間に進めようとしている改革プロセスとのクロス集計を行い，カイ2乗検定（門田，2003）の結果をまとめたのが図表3-3である．企業内基幹プロセスの改革を進めようとしている企業は，ERPを導入済みか導入することが予定されている．ERPは管理会計システムとしても重要な役割を担っている．プロセス改革とITが強い関係をもち，とくにERPは注目すべき情報システムであることがわかる．

§3 会計システムと ERP

3.1 ERP の変遷と意義

1970年代の MIS, 1980年代の SIS は，事務部門の管理システムの概念として注目されたものの，当時のコンピュータパワーが乏しく実際の成果はそれほど上がらなかったと言われている．その一方で，製造の現場ではデータ管理という考え方が当時から着実に進化していた．1970年代の MRP（資材所要量計画）は，資材のデータ管理をコンピュータで行い，生産計画をにらみながら資材の欠品をなくしたり過剰在庫を防ぐことに効果があった．さらに1980年代には，資材だけではなく工場の機械や人的資源にも管理対象を広げ，生産プロセスを効率化しようとする考え方，MRP II（生産資源計画）が普及した (Wight, 1983)．これは，生産資源と実際の生産のバランス，生産能力の制約などが考慮され，企業内全体の最適化に目が向けられる契機となった（太田, 1994）．

そして1990年代，事務系と製造系の管理システムを統合して，企業内，あるいは，関連・協力企業も含めた経営全体最適化を図りたいという概念が生まれた．これが ERP である（ERP 研究会, 1997）．この ERP の概念を実現するためのツールとして欧米で開発され，いくつかの統合業務パッケージ・ソフトウェアが市販されている．最近では，ERP という言葉がそれらのソフトウェアそのものを指して使われることが多い．ERP は具体的なソリューションが提供されている点で MIS，SIS とは異なるということができる（同期 ERP 研究所, 1997）．

日本に ERP パッケージ・ソフトウェアが紹介されたのは，1993年以降である．1996年以降急速にその認知度が高まり，前述の実態調査でも明確になったように，現在では，多くの企業で ERP 導入済みか ERP 導入が検討されている．この理由は，日本企業を取り巻く環境が大きく変化し，情報システムも迅速に変革しなければならないことによる．例えば，情報の統合化による企業活

動のフレキシビリティ向上，計画・管理機能の充実と全体最適化，グローバル化への対応などがこれにあたる．とくに，多国籍企業では，世界中に点在する現地法人での業務改革を支援するために ERP を導入したいという直接的動機が存在する．また，いわゆる2000年問題へ対応しなければならなかったこと，新しい環境に合わせて従来の自社開発システムを更新しようとした場合のコストに比べ ERP が安価であること，保守・運用においてアウトソーシングを推進できることなども ERP パッケージ・ソフトウェア導入の動機になっている．

ERP パッケージ・ソフトウェアでは，財務会計，管理会計，ロジスティクス，プラント保全，プロジェクト管理，人事管理などの業務ごとにアプリケーションがある．つまり，幅広い業務を総合的にサポートしながら，すべてのアプリケーションが相互に連結されデータの一貫性を確保しており，作業やデータの重複がないように管理されている．もし，あるアプリケーションで何らかの変更があった場合には，論理的に関連するすべての関連情報がリアルタイムに更新される．

代表的な ERP パッケージ・ソフトウェアには，R/3（独，SAP 社），BAAN（蘭，BAAN 社），Oracle アプリケーション（米，Oracle 社），OneWorld（米，J.D. Edwards 社）などがある．導入実績の多い ERP パッケージ・ソフトウェアでは，見込生産，受注生産，半見込生産，個別受注生産など様々な生産形態をサポートするとともに複数のデータモデルやプロセスモデルがシステムの中に蓄積されていて，各企業の事情に最も近いものを選択することができる．また，世界各地に販売拠点をもつ ERP パッケージ・ソフトウェアでは，10〜20カ国の言語を使用できるものが少なくない．また，当然，複数の通貨にも対応しており，グローバルにビジネスを展開している多国籍企業にとって好都合である．

ERP が導入され，管理プロセスの抜本的な改革を推進することから生まれる様々な効果が期待されている．ERP の第一の具体的な目的は，「取引コストを削減し，需要と供給を流動化し，スピードを重視した，フレキシブルな，そしてグローバル化に対応できる」事業システムを構築することであろう（同期

ERP 研究所，1997)．つまり，ハードやソフトがたとえ独立していても，それらを一つのシステムとして活用し，業務改革や経営革新の原動力とすることができる情報基盤としての役割が期待されている．

ERP 研究推進フォーラムでは，ERP を次のように定義している（和田・坂，1999)．「ERP とは，企業の利益最大化を追求するために調達・生産・販売・物流・会計・人事などの企業の基幹業務を組織横断的に把握し，全社的に経営資源の活用を最適化する計画・管理のための経営概念である．」

ERP を実現するためのパッケージ・ソフトウェアが ERP パッケージ・ソフトウェアで，一般的に統合型業務システムパッケージと呼ばれている．ERP パッケージ・ソフトウェアは略して ERP と呼ばれることが多く，これ以降 ERP とは ERP パッケージ・ソフトウェアのことを表すこととする．

ERP が注目されている理由の一つは，シームレスに一元管理する新しいアーキテクチャを採用した情報インフラが構築されることにあるといわれている（和田・坂，1999)．ERP が実現する統合型の情報環境では，情報のグローバルな共有を可能にし，仕事の分業化や分散化を促進し，産業や企業グループの再編成，海外生産や海外調達の拡大，アウトソーシングや M&A（買収・合併）など，複雑化する事業システムの情報化を促進することができる．また，ビジネスの現場においても，商品の回転速度を速めて投資効率を高め，ロスを削減して生産性の向上を実現するだけでなく，経営環境の変化に対してもスピーディーな対応を実現できる可能性がある．

古い構造の情報システムからの脱却を図るために ERP を導入する企業も多い．すなわち，早くから情報システム化に取り組んできた大企業ほど，古いシステムを引きずっているケースが多い．基幹システムを最新の IT を活用して新しい時代にあったコンセプトで再構築したいというニーズは高い．しかし，再構築のためには，販売，生産，物流，会計などの幅広いシステムの整合性をとって統合的に開発する必要があり，このようなシステム開発や導入作業をユーザー企業が独自でゼロから行うのは大変困難な作業となる．そこで，ERP を活用するというケースが多い．ERP であれば統合システムの雛型が用

意されている．その雛型を参考に，新しいコンセプトにあった基幹業務システムに ERP を活用して構築すれば，ゼロから検討するよりも効率的である．

ERP の利点が数多く挙げられている一方で，注意しなければならない点がいくつか指摘されている．たとえば，世界の一流企業で実績のあるノウハウ（いわゆるベストプラクティス）が ERP の中に存在し，それをすぐ自社の業務に適用すればたちどころに効果が出ると考えるのは間違いである．また，とくに日本の企業への導入を考える場合には以下のような課題への対応が必要である．すなわち，日本企業では自社の業務のやり方，独自性に対する確固たる信念があり，欧米の企業での方法をそのままの形で取り入れることへの抵抗がある．とくに，現場でのやりくりを中心に業務をすすめる製造業では，ERP のとなえる全体最適化と計画中心というコンセプトをすぐには受け入れられない土壌ができてしまっている．また，欧米と日本企業における原価計算方法の違いも大きな問題である．ERP は，MRP から発展した標準原価計算方式を採用しているが，日本の製造業では，原価計算基準をベースにした実績取引振替型計算方式を採用しているところも多い．さらに，欧米の商取引に関する慣行，法律をもとにシステムが構築されている場合が多く，日本で使用する場合にそれが微妙に影響することがある．しかし，これらを克服し，ERP を導入して効果を上げている企業も増えている．ERP を利用して BPR を成し遂げた例も報告されている．いずれの場合にも，事前に業務改革のビジョンが明確になっていて，トップマネジメントのリーダシップが発揮されていることが重要である．

3.2 ERP の特徴

もともとは生産管理手法として開発され，発展してきた ERP は，当初は製造業を対象とし，販売管理・生産管理・財務会計などの基幹業務を総合的に計画・管理する機能が中心となっていた．しかし，近年は統合型（業務横断型）パッケージとして製造業のみならず多種多様な業種への対応が可能となり，導入・活用の拡大が進んできている（ERP 研究会，1997）．

多国籍企業にとっては，世界の各地に散在する工場や販売物流拠点で発生する各種のデータを効率よく処理し，その情報をもとに各種の企業判断をいかに早くかつタイムリーに実行するかが競争力の基盤となる．また，最近は，世界の拠点ごとに異なる情報システムを構築するのではなく，可能なかぎり共通性をもった情報システムにすることにより，企業の変化に対する柔軟性とコストの削減を得ようとする目的のために ERP が活用されている．

ERP 推進フォーラムでは，多くの ERP に共通している特徴として次のようなものを挙げている（中村，2000）．

① 仕組み（全体像）が明確である．
② 導入・構築手順（導入方法）が準備されている．
③ 基幹業務に対応したモジュールが豊富である．
④ 最新の情報技術への対応やオープン性が保証されている．
⑤ 情報技術面での世界標準が採用されている．
⑥ 多国籍環境での運用を前提としたグローバル対応が組み込まれている．
⑦ 事業内容や経営組織での将来の変化に対する柔軟性・拡張性がある．
⑧ 既存システムや他パッケージとのインターフェースが用意されている．
⑨ 統合データベースにより情報の一元化と共有化が可能である．
⑩ 保守やメンテナンス・サービスが別途提供されている．
⑪ 導入時期の教育・訓練やサポート体制が充実している．

これらを整理すると，ERP の特徴は，基幹業務の統合を指向した機能が盛り込まれたパッケージ・ソフトウェアにあると考えられる．これら ERP の特徴を生かした結果として得られる経営効果は以下のようにまとめることができる（和田・坂，1999）．

① 業務の効率化
② 業務改革（BPR）の実践
③ 経営指標の迅速かつ正確な情報取得
④ 企業競争力の拡大
⑤ グローバル対応

⑥　情報システムのコストダウン
⑦　基幹業務のコストダウン
⑧　管理レベルの向上
⑨　エンドユーザーの自由な情報活用
⑩　顧客満足度の向上
⑪　情報インフラの整備と高度化

　アンダーセンコンサルティングが公表している会計システムの4つのstage（段階）を用いて，会計システムの発展とERPとの関わりが整理されている（アンダーセンコンサルティング，1999）．会計システムとしてERPを考えるときにひとつの尺度として有用であろう（田宮，1994）．この4つのstageとは以下のようにまとめられる．

　stage 0（混沌）……会計システムが存在しないか存在していてもほとんど機能しない状態

　stage 1（財務会計エクセレンス）……財務会計システムが完成しており，効率化の側面からさまざまな工夫が実施されている状態

　stage 2（管理会計エクセレンス）……財務会計の側面だけでなく，管理会計的側面が意識されており，有用性の側面からさまざまな工夫がなされている状態

　stage 3（経営管理エクセレンス）……管理会計を超えて経営管理システムとして完成領域に達しており，企業の戦略実現に向けての価値創造に十分貢献できている状態

　ERPによる会計システムにおける業務上のメリットを考え，上記の4つのステージの関係を考えてみると，ERPはstage 2に到達する上で，コスト面・スピード面で非常に有効なツールといえる．これは，ERPを用いた場合，各業務システムで入力されたデータは，そのまま会計システムの仕訳として連動し，必然的に二重入力の廃止につながることや，ファームバンキング接続，購買・販売業務におけるEDI接続，インターネット接続によるエレクトロニックコマースなど，外部接続を積極的に取り入れていること，他にも，ダイ

レクトインプット，決算の迅速化，さまざまな切り口での管理会計情報の提供，科目を超えた活動単位の直接費の把握などの効果があるためである．

しかし，stage 3 と ERP の関係においては，まだ不十分な状態であるといわれている．stage 3 は「経営戦略とリンクした適切な管理指標が設定され，適切な経営管理ツールを用いて業績評価サイクルを確立する事で，企業価値創造に貢献できる状態」（田宮，1994）である．この stage 3 は企業の文化等に依存し非常に標準化が難しい領域で，ERP パッケージでまとめ上げることは容易ではない．カスタマイズの容易化を含め，ERP の今後の課題の一つであると考えられる．これらを踏まえ，多国籍企業における ERP の実態調査を行った．

§4　多国籍企業における管理会計と IT 利用の実態

多国籍企業研究委員会によって2004年2月に実施した郵便質問票調査結果（第1章参照）に基づき，多国籍企業における管理会計と IT 利用の実態について分析する．

4.1　各業務で利用されている情報システムの種類

各業務で利用されている情報システムの種類について調査した結果が，図表3-4である．従来では主流であった自社独自開発システムを用いているか，会計，販売管理，生産管理など個別の業務用パッケージを用いているか，あるいは，ERP を利用して情報共有が進んでいるのかという質問に対する回答結果を財務会計，管理会計，生産管理，販売管理という4つの業務領域において，国内，アジア，北米，欧州，その他と本社および子会社の地域別にまとめた．

国内では，依然として自社開発の情報システムが主流を占めていることがわかる．その傾向は生産管理システムや販売管理システムで顕著である．一方，財務会計，管理会計システムではパッケージ・ソフトウェア，ERP の利用も進んでいる．アジア，北米，欧州を比べると，パッケージ・ソフトウェアの利

図表3-4 各業務で利用されている情報システムの種類 (2004/3, 多国籍企業74社)

システムの種類		自社開発	個別PKG	ERP	その他
財務会計	国 内	35	15	20	1
	アジア	11	37	11	5
	北 米	7	26	16	3
	欧 州	4	21	18	4
	その他	2	1	0	1
管理会計	国 内	37	14	15	2
	アジア	13	34	8	4
	北 米	6	26	14	3
	欧 州	5	19	17	4
	その他	1	1	0	1
生産管理	国 内	43	12	10	1
	アジア	21	22	12	3
	北 米	10	20	14	2
	欧 州	5	14	18	3
	その他	2	0	0	1
販売管理	国 内	50	11	6	1
	アジア	21	25	10	3
	北 米	9	25	16	1
	欧 州	8	20	15	3
	その他	1	1	0	1
給与管理	国 内	31	23	10	2
	アジア	13	33	4	9
	北 米	5	29	8	6
	欧 州	3	25	8	8
	その他	1	0	0	2

用はアジア地区で最も多く，次いで北米，欧州となっている．一方，ERPの導入は，欧州が一番多く，次いで北米，アジアとなっている．管理会計業務で

は，欧州での ERP 導入数が国内を上まわっている．これは，多国籍企業の ERP 導入がまず欧州から起こり，国内に連動して，次いで，北米，アジアに影響を与えていったと考えられる．なお，検定には SPSS における Wilcoxon の符号付き順位検定（SPSS ノンパラメトリック検定 多重比較）を用いた．その結果，各業務での IT 利用は国内と欧州では有意な違いがあることがわかった．また，生産システムでは，国内と北米，販売システムでは，国内と北米，アジアとも有意な違い（有意水準＝5％）があることがわかった．

4.2　ERP 導入の実態

ERP を導入している企業は，24社で，回答数74社の32.4％にのぼった．それらの企業が，どの ERP を導入しているか，また，導入時期について調査した結果が図表3-5である．多国籍企業において利用されている ERP は SAP/R3 が42％を占め，シェアの高さが浮き彫りになっている．大手企業（先端企業）では1996年に ERP の導入が起こり，その後，確実に普及，2002年にピークになっている．1999年までに導入した企業には，2000年問題への対応を視野にいれての導入もあったが，1996年11月15日の日本版ビッグバンの始まりから，1997年6月6日の「連結財務諸表制度の見直しに関する意見書」の公表により，「単体主・連結従」から「連結主・単体従」へと変わっていったことや，1998年3月13日の「中間連結財務諸表等の作成基準の設定に関する意見書」，「連結キャッシュ・フロー計算書等の作成基準の設定に関する意見書」の公表，さらには1998年12月に国際会計基準の包括的コアスタンダードが公表されたことにより，各企業に国際会計基準への対応が求められるようになったことも ERP 導入を決定するきっかけとなったのではないかと考えられる．

ERP 導入の目的について，調査した結果を図表3-6に示す．優先度の高いものから3つ回答してもらい，もっとも優先度が高いものを3点，2番目を2点，3番目を1点としてスコア化した結果を図表3-7に示す．1位：業務の効率化，コストダウン，2位：管理レベルの向上，3位：経営指標の迅速かつ正確な情報収集となった．ついで，4位：BPR（ビジネス・プロセスの刷新），

§4　多国籍企業における管理会計とIT利用の実態

図表3-5　ERPの種類と導入時期（2004/3，多国籍企業24社）

導入したERPの名称

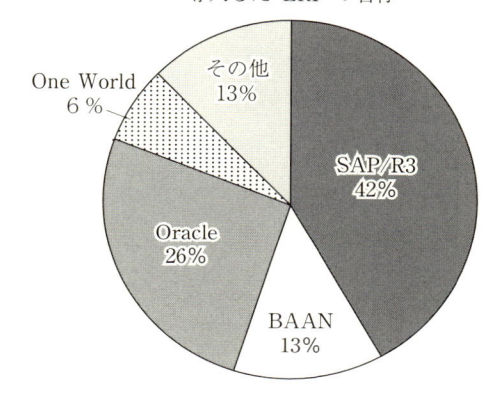

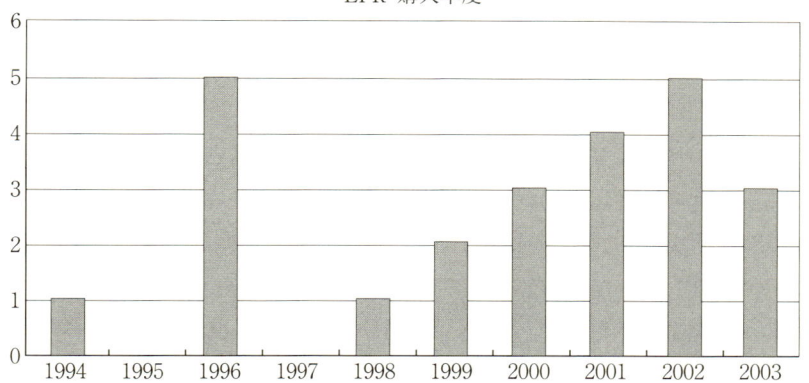

- SAP/R3　42%
- Oracle　26%
- BAAN　13%
- One World　6%
- その他　13%

ERP購入年度

年度	社数
1994	1
1995	0
1996	5
1997	0
1998	1
1999	2
2000	3
2001	4
2002	5
2003	3

5位：グローバル対応となっている．これらは相互に関係し合う目的であるが，多国籍企業は，グローバル対応において，情報収集の迅速性，精度を確保し，慣例レベルを向上させることで業務の効率化，コストダウンをはかりたいという意図がある．

ERPを導入している企業に対する「マネジメント・コントロール（予算管理，利益実績管理など）やオペレーショナル・コントロール（納期，品質，在庫，原価等の管理）にERPまたはITを利用しているか」という質問の回答

図表 3-6　**ERP 導入の目的**（2004/3，多国籍企業24社）

	1位	2位	3位
業務の効率化	17	8	6
経営指標の情報収集	5	7	6
グローバル対応	3	1	2
顧客満足度	0	3	4
管理レベル	6	9	3
情報システムコスト削減	0	1	5
最新の IT 技術活用	0	0	2
2000年問題	0	0	1
組織改革	2	0	0
BPR	1	4	6
SCM	1	2	0

図表 3-7　**ERP 導入の目的**（2004/3，多国籍企業24社）

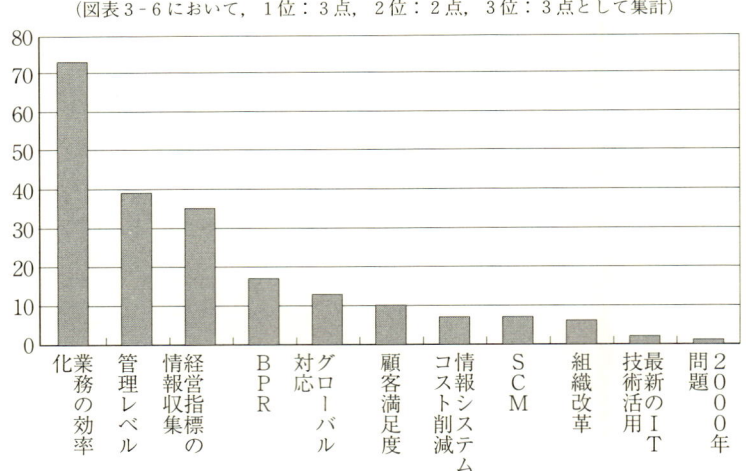

（図表 3-6 において，1位：3点，2位：2点，3位：3点として集計）

業務の効率化	73
管理レベル	39
経営指標の情報収集	35
BPR	17
グローバル対応	13
顧客満足度	10
情報システムコスト削減	7
SCM	7
組織改革	6
最新の IT 技術活用	2
2000年問題	1

を整理すると図表 3-8 のようになった．ERP 以外の情報システムによって管理している企業が依然として多いが，ERP を利用して管理している企業では，どちらかというとオペレーショナル・コントロールよりもマネジメント・コントロールに ERP の適用が進んでいる．また，欧州，北米で ERP の利用が多いこと，国内でもすべてを ERP で管理しているという企業も数社あることに

注目したい．現時点では財務会計システムとして ERP が普及している段階であり，今後，より多くの企業において管理会計領域への展開が期待される．

図表 3-8　マネジメント・コントロール，オペレーショナル・コントロールにおける ERP または IT の利用度（2004/3，多国籍企業74社）

マネジメント・コントロール

	すべて ERP	一部は ERP 以外	半分程度が ERP	大部分が 他の IT	IT は利用 していない
国　内	2	13	6	34	3
アジア	0	6	7	35	5
北　米	2	12	3	24	3
欧　州	1	11	5	21	3
その他	0	1	0	1	0

オペレーショナル・コントロール

	すべて ERP	一部は ERP 以外	半分程度が ERP	大部分が 他の IT	IT は利用 していない
国　内	3	9	1	40	5
アジア	2	5	6	34	5
北　米	4	9	2	24	4
欧　州	4	10	4	18	5
その他	0	1	0	1	0

海外子会社の IT 化推進体制について各業務別，地域別に質問した結果をまとめると図表 3-9 のようになった．国内とアジア，北米，欧州とは IT 推進体制が異なり，北米とアジア，欧州とアジアで違いが認められる．すなわち，現地子会社が独自に IT 化を推進する傾向がとくに北米で強く，次に欧州となっている．アジア子会社については，一部を除き現地で推進されている．一方，生産管理システムは，北米子会社であっても国内の技術を一部移転する形で IT 化が推進されていることがわかる．対称的に，給与管理システムは，どの地域の子会社でも独自に IT 化を推進している．

4.3　IT 投資の問題点

IT 投資の問題点について IT 導入前と導入後について質問した結果が図表

figure 3-9 海外子会社のIT化推進体制

		すべて現地法人で独自に推進	一部を除き現地法人で推進	半分程度が現地法人で推進	相当の部分が本社で推進	ほぼ全部が本社で推進
財務会計	国　内	9	4	2	8	29
	アジア	16	27	6	5	6
	北　米	24	15	3	2	2
	欧　州	19	15	4	3	2
	その他	6	1	0	0	2
管理会計	国　内	9	4	2	9	27
	アジア	16	23	6	5	6
	北　米	23	15	3	2	2
	欧　州	18	14	4	3	2
	その他	6	1	0	0	2
生産管理	国　内	8	4	1	12	24
	アジア	11	17	12	11	3
	北　米	15	13	6	6	1
	欧　州	14	11	6	5	1
	その他	4	2	0	1	1
販売管理	国　内	9	3	2	10	26
	アジア	15	21	11	6	3
	北　米	21	13	5	3	1
	欧　州	19	12	6	4	1
	その他	5	1	1	0	1
給与管理	国　内	9	5	3	10	25
	アジア	29	14	5	4	4
	北　米	30	7	3	2	1
	欧　州	29	4	3	3	1
	その他	7	0	1	0	1

3-10である．これは，優先度の高いものから3つ回答してもらい，もっとも優先度が高いものを3点，2番目を2点，3番目を1点としてスコア化した結果を示している．

導入時の問題点について第一番目にあがった項目は，投資金額の決定が難しい（20社，27％），海外子会社のIT化については，現地の事情があり親会社で導入の意思決定を行うことが困難である（16社，21％），IT戦略を統括できる人材が不足している（13社，17％）であった．多国籍企業において，海外子会社のIT化について投資金額などの意思決定が容易でなく，それらを統括できる人材も不足していることが浮き彫りになった．

一方，導入後の問題として第一番目にあがった項目は，効果の把握が困難である（18社，24％），海外子会社と国内でIT推進の度合が異なる（18社，24％），システムの改善，継続的改良が難しい（9社，12％）という結果となった．IT投資の効果を把握することが依然として難しいという指摘がある．また，多国籍企業においては，国内と海外子会社でのIT推進の度合が異なり，いったん導入したシステムの継続的改良も国内，海外子会社で同期させることの困難さがうかがえる．

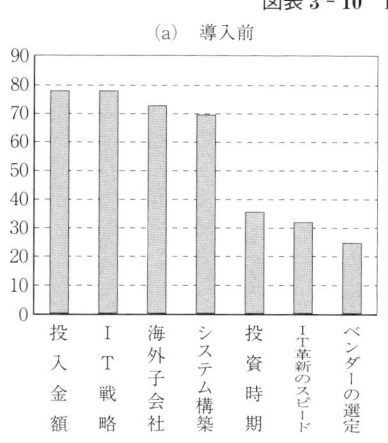

図表3-10 IT導入の問題点

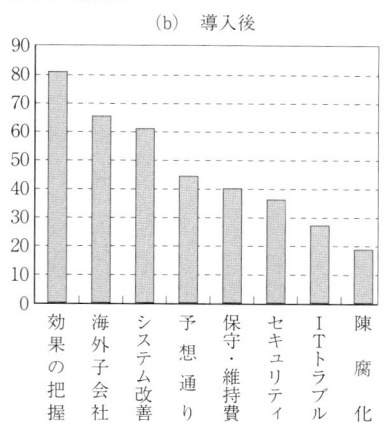

§5 おわりに

本章では，ビジネスモデルとビジネス・プロセスの関係，IT の影響度について整理し，IT とプロセス管理は密接な結びつきがあることを示した．とくに企業内基幹プロセスおよび企業内支援・管理プロセスの変革を推進している企業が多く，そこでは ERP の利用が進んでいることを指摘した．

さらに，多国籍企業に対象を絞り，ERP などの管理会計情報システムの実態調査結果をまとめた．今回の調査では，ERP が導入されている比率は多国籍企業では32.4％（24社／74社）であり，一般企業の比率23.3％（45社／193社）よりも高かった．これは，多国籍企業が海外現地法人との連携において，ERP がもつ情報共有インフラとしての機能と財務会計システムの機能に期待した結果であるといえる．また，現時点では財務会計システムとして ERP が普及している段階であるが，今後，より多くの企業において管理会計領域への展開が進められる兆候が読み取れた．残された課題として，どのような多国籍企業において ERP が有効に作用しているのか，多国籍企業の特徴のみならず，ビジネス・プロセス，管理レベル，IT 成熟度などとの相関について更なる分析を進めていく必要がある．

参 考 文 献

Anthony, R. N. and V. Govindarajan, 1998, *Management Control Systems* (9th Ed.), Irwin/McGrau Hill.

Cooper, R., and R. S. Kaplan, 1999, *The Design of Cost Management Systems : Text and Cases* (2nd Ed.), Prentice-Hall.

David, F. R., 1999, *Concepts of Strategic Management* (7th Ed.), (大柳正子訳, 2000, 『戦略的マネジメント』，ピアソン・エデュケーション．)

Hammer, M., and J. Champy, 1993, *Reengineering The Corporation*, Nicholdas Brealey Publishing.

Magretta, J. 2002, "Why Business Models Matter," *Harvard Business Review* 80

§5 おわりに

(5)：86-92.（ジョアン・マグレッタ，2002，「ビジネスモデルの正しい定義」，『DIAMOND ハーバード・ビジネス・レビュー』，2002年8月号：123-132.）

Wight, O. W., 1993, *The Executive's Guide to Successful MPR II (Rivised Ed.)*, Oliver Wight Ltd Publishing.（松原恭司郎訳，1985，『MRP II は経営に役立つか』（初版），日刊工業新聞社.）

アンダーセンコンサルティング，1999，『経営を変える戦略会計のしくみ』，東洋経済新報社.

石川弘道，2001，「ビジネスモデルにおけるモデルの効用と限界」，『オフィス・オートメーション』，22 (1)：45-51.

市岡千晴，2003，「多国籍企業における会計システム」，甲南大学経営学部卒業論文.

今井二朗，1998，「ERP の登場と現在の課題」，管理会計学会フォーラム資料.

ERP 研究推進フォーラム監修，1998，『ERP 導入マネジメント』，アイネス.

ERP 研究会，1997，『図解 ERP 入門』，日本能率協会マネジメントセンター.

ERP 研究会，1997，『SAP 革命』，日本能率協会マネジメントセンター.

上埜 進，2002，『管理会計——価値創出をめざして——』，税務経理協会.

上埜 進・長坂悦敬・杉山善浩・椎葉 淳・朝倉洋子，2004，「日本の多国籍企業における管理会計実践——郵便質問票調査から——」，日本会計研究学会第63回全国大会研究報告要旨集：41-42.

上埜 進，1997，『日米企業の予算管理——比較文化論的アプローチ——増補版——』，森山書店.

勝本宗男，1993，『原価計算システムの設計』，中央経済社.

上林憲雄，2001，『異文化の情報技術システム』，千倉書房.

小菅正伸，2003，「管理会計におけるプロセス思考の意義」，門田安弘編，『組織構造と管理会計』，第13章，税務経理協会：231-250.

高橋敏郎，2001，「ビジネスモデルに関する研究」，『オフィスオートメーション』，22 (1)：24-29.

田宮治雄，1994，『会計情報システムの機能と構造』，中央経済社.

田宮治雄・榊 俊作，1998，『会計情報システム設計ハンドブック』，中央経済社.

丹下博文，2000，『新版・国際経営とマーケティング』，同文館出版.

寺本義也・岩崎尚人，2000，『ビジネスモデル革命』，生産性出版.

手島歩三・根来龍之編，1998，『ERP とビジネス改革』，日科技連出版社.

陶山博太，1995，『意思決定のための管理会計』，同友館.

同期 ERP 研究所，1997，『ERP 入門』，工業調査会.

同期 ERP 研究所，1998，『ERP／サプライチェーン成功の法則』，工業調査会．
中村　実，2001，「ERP パッケージが支える基幹業務システムの役割の変容」，システム制御情報学会誌44（1）：2-10．
長坂悦敬，2003，「IT 革新の Process-Based Management への影響」，日本管理会計学会2003年度全国大会研究報告要旨集：57-58．
長坂悦敬，2004，「企業価値増幅のためのビジネスモデルと管理会計」，日本会計研究学会特別委員会，「企業価値と組織再編の管理会計に関する研究」，最終報告書，第30章：323-332．
長坂悦敬・坂手啓介・木村麻子，2004，「日本企業の調査結果にもとづくビジネス・プロセス管理の現状2——IT などの外部環境変化と BP 管理——」，日本管理会計学会2004年度全国大会研究報告要旨集：58-59．
林　寛・福田拓生，1998，『業務改革と ERP』，日本図書刊行会．
宮本寛爾，1989，『多国籍企業管理会計』，中央経済社．
宮本寛爾，2003，『グローバル企業の管理会計』，中央経済社．
門田安弘編，1995，『管理会計学テキスト』，税務経理協会．
門田安弘，2003，『経営・会計の実証分析入門——SPSS による企業モデル分析——』，中央経済社．
李　健泳・安　宗鎮，2004，「韓国企業の調査結果にもとづくビジネス・プロセス管理の現況分析」，日本管理会計学会2004年度全国大会研究報告要旨集：60-61．
李　健泳，2003，「ビジネス・プロセス・リデザインと業績管理」，門田安弘編，『組織構造と管理会計』，第12章，税務経理協会：207-229．
和田秀男・坂　和磨，1999，『ERP 経営革命——究極の生産性向上戦略——』，ダイヤモンド社．

第4章 業績評価
――日系多国籍企業の実務――

大阪国際大学　朝　倉　洋　子

§1　はじめに

　現在，企業における海外での事業活動は増大しており，多国籍企業 (multinational enterprises, MNEs) における海外子会社 (overseas subsidiaries) の重要性は，年々増している．このような状況にもかかわらず，多国籍企業がどのような管理会計技法を採用し，運営しているかということは，明確になっているわけではない．そこで，本稿では，今まで研究してきた多国籍企業における業績評価 (performance evaluation) に焦点を当て，その実態を把握することにより，多国籍企業における管理会計を研究する上での一助にすることとした．

　従来，企業は業績評価において少数の財務的指標を重視してきた．すなわち，売上高，利益，投資利益率，あるいは EVA® などに代表される財務的指標のみを偏重してきたのである．しかし，財務的指標のみを偏重することは，長期的な視点で企業の将来を見据えることなく，短期的な利益の獲得のみを追求する危険性を有している．

　そこで，1990年代に米国においてキャプラン (R. S. Kaplan) とノートン (D. P. Norton) が BSC (Balanced Scorecard) を提唱し，財務的指標への偏重から脱却するためのツールとして注目されるようになった．しかしながら，実際に日本の企業がどのような指標を重視しているのか，また，日本企業がどの程度 BSC を導入しているのかは明確でなく，それに関する調査は多くない．

これが，多国籍企業に関する調査ということになると一層少なくなる．

したがって，本稿では，実際に，日本企業が，財務的指標とともに非財務的指標を重視し，BSC を適用する方向に展開しているかどうかを明らかにすることを目的とする．そこで，まず多国籍企業における業績評価および BSC に関する基本的な内容を確認した上で，業績指標および BSC に関連したアンケート調査の結果を検討することとする．

§2 多国籍企業における業績評価の基礎

2.1 多国籍企業における業績評価

すべての企業は企業内の組織単位や組織の構成員が行う業務活動を管理するために業績評価を実施する．これは，特定期間において，設定された所与の目標と達成された実績とを比較し，一定の評価基準に従って目標に対する達成度（貢献度）を測定し評価すること（櫻井，2000，pp. 56-57）である．従来，業績評価に用いる業績尺度は，売上高，利益，投下資本利益率などの財務的指標が用いられてきた．

現在，多くの企業は海外で事業活動を展開しており，多国籍企業と呼ばれる企業も少なくない．上述した業績評価は国内だけでなく，海外でも活動を行っている企業でも同じように実施されるのだろうか．

多国籍企業は，さまざまな国に子会社を設立し，それらを統括・管理する親会社である．個々の海外子会社は多国籍企業全体としての目的を達成するために人的資源や財務資源の共通のプールを利用し，個々の事業活動を遂行する．この多国籍企業の業績評価が，国内のみで業務を行っている企業の業績評価と異なっている点は，特に海外子会社および海外子会社管理者の業績評価であろう．

まず，海外子会社の業績評価は，多国籍企業の組織目標達成の立場から行い，本社のトップ・マネジメントの意思決定に対するフィードバック情報を提供し，全社的戦略計画における問題点の発見と戦略的計画の変更の必要を知らせるべ

く行われる．また，海外子会社管理者の業績評価は当該海外子会社の目標を達成するべく，すなわち海外子会社管理者の目標整合性を満たす意思決定を導くべく行われる（宮本，1989，p. 39）．したがって，多国籍企業における業績評価では，為替相場の変動や関税などの特殊な問題も考慮される必要がある．

また，同じように海外に所在する子会社であっても，製造子会社と販売子会社ではその方法が異なることとなる．これは，子会社の活動自体が異なることによる．製造子会社は，原価削減，品質管理，輸送目標（期日や量）などの目的をいかに達成したかにより，また，販売子会社は市場占有率の増大や売上高の増加などで評価されると考えられる．

しかし，環境変化の著しい現在の状況において，活動を行った最終的な成果として算定される財務的指標だけでは，企業を適切に管理することが難しくなってきた．したがって，成果だけでなくプロセスを評価することのできる非財務的指標が財務的指標と同様に，重視されるようになった．また，現在の企業環境において，各組織単位や各構成員の業績評価は個々に行われるのではなく，企業全体としての戦略や目標の遂行状況と併せて，体系的に行われることが重要となっている．

2.2 多国籍企業におけるBSCの適用

(1) BSCの基礎

前述したとおり，企業は企業環境の変化により，業績評価を行う場合に財務的指標だけでは十分ではなくなり，非財務的指標も重視されるようになってきた．そこで，財務的指標と非財務的指標を総合的に評価することのできるツールとして，BSCが誕生したのである．キャプランとノートンの積極的な普及の努力により，米国では，投資利益率やEVA®に代表される財務的指標だけを偏重するという経営姿勢から脱却するためのツールとしてBSCが注目され，今では多数の企業が活用している．

このBSCは，トップ・マネジメントが表明する経営のビジョン，ミッション，企業戦略を所与として，戦略目標実現のための重要成功要因を明示し，そ

れらを業務管理へと結びつけるツールである．これは，4つの視点，すなわち財務の視点，顧客の視点，内部業務プロセスの視点，および学習と成長の視点について，戦略目標，業績尺度，目標値，そして実施項目を明示する．図表4-1はBSCの4つの視点の基本モデルであり，ビジョンや戦略と4つの視点との関連性を示している．

図表4-1　BSCの視点―基本モデル―

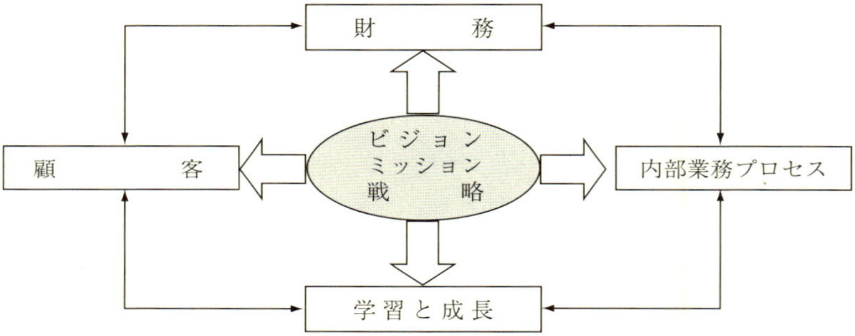

（図：中央に「ビジョン　ミッション　戦略」，上に「財務」，左に「顧客」，右に「内部業務プロセス」，下に「学習と成長」）

このようにBSCは，4つの視点の関連性により，ビジョンや戦略を遂行するように導くシステムである．まず，BSCでは，ビジョンや戦略を各組織単位や各組織構成員に伝達し，それを遂行すべく動機づけるために，4つの視点より戦略目標に落とし込まれる．そして，その戦略目標は，業績尺度や目標値などが設定され，組織単位や構成員が実行すべき具体的な行動へと変換される．このBSCが日本企業においてどのように導入され，用いられているのかを確認するため，事例を付録（pp. 90-95）で示すこととする．

以上のような有用性を有しているBSCは，どれくらいの日本企業において実際に用いられているのだろうか．次に，日本企業におけるBSCの導入状況に関する先行文献を確認することとする．

(2)　先行研究のレビュー

まず，2002年に筑波大学小倉教授が行われた日本企業におけるBSCの導入状況に関する調査がある（松原，2003，p. 59）．この調査は，2002年10月に東京証券取引所第一部上場企業1,500社に質問票を送付し，151社（約10％）から

回答を得ている．この調査では，次のような結果が出ている．

図表 4 - 2　日本企業における BSC の導入状況 (2002年)

	度数	比率
導入企業	15	9.9%
導入検討中・準備中	13	8.6%
導入を検討したが，導入しなかった	30	19.9%
未検討または BSC を知らない	93	61.6%
合　　計	151	100.0%

　これを見ると，151社のうち，15社（約10％）が BSC を導入しており，導入検討中あるいは準備中の企業が13社（約9％）となっている．したがって，調査時点において，約19％の企業が BSC を導入している，あるいは導入する予定であった．しかし，約20％の企業が BSC の導入を検討したにもかかわらず，導入しなかったことには注意する必要がある．なぜなら，これは，日本企業は BSC を導入するに足らないと判断したことになるからである．

　また，2003年にも BSC に関する調査が行われている（青木・櫻井，2003, pp. 111-132）．これは，2003年1月4日から2月19日の間に，東京証券取引所第一部上場企業300社（製造業，電力・ガス，金融業）に対して行われた．この調査の回収（率）は107社（35.7％）であり，結果は次のとおりである．

図表 4 - 3　日本企業における BSC の導入状況 (2003年)

	度数	比率
本格導入済み	8	7.5%
部分的導入	12	11.2%
検討中	31	29.0%
導入しない	29	27.1%
分からない	27	25.2%
合　　計	107	100.0%

　この調査では，導入している，あるいは導入を検討している企業が約48％にのぼる．これは，この調査における回答企業の約半数が BSC 導入を実施ある

いは検討していることを示している．すなわち，約半数の企業が BSC に関心をもち，その有用性を理解していると考えられる．以上の調査より，日本企業の BSC 導入に関する最近の動向が伺えた．

2.3 グローバル環境における BSC

今日，企業環境は多様化しており，その変化も著しい．したがって，多国籍企業はさまざまな問題に対して，適時に適切な対応をする必要がある．そのため，各企業は全構成員が多様な選択肢の中から適切な行動を選択することができるように導く必要がある．そこで，まず企業のトップのビジョンや価値観を企業全体に浸透させるとともに，その規範を理解させ，企業の方向性を構成員に伝達しなければならない．さらに，企業の具体的な目標を企業全体に伝え，それを達成するべく構成員を動機づけなければならない．

BSC は，企業のビジョンや戦略を，具体的な目標と業績尺度に落とし込むことによって，すべてのレベルの構成員に伝達する．したがって，これは世界中で活動を行っているすべての構成員に，企業全体の戦略や目標を伝達することができるとともに，企業全体に貢献しているという意識を持たせることができる．

以上のことより，BSC は，場所，言語あるいは文化などが異なるさまざまな国で活動している企業の構成員に対して，企業のトップ・マネジメントの方向性を共通の言語で伝えることが可能である．したがって，異なる状況で活動している多国籍企業の構成員は，BSC により，共通のビジョンや戦略のもと，目標達成へと動機づけられることができる．BSC は，多国籍企業を管理する有用なツールと考えられるだろう．

そこで，現在，BSC が日系多国籍企業においてどのように用いられているのかを把握するため，多国籍企業が海外子会社を管理する場合にどのような指標を重視しているのか，BSC を導入している企業がどれだけあるのか，そして各指標を重視する程度の違いが BSC 導入と関連しているのかどうかを調査することとした．

§3 調査の結果──業績指標およびBSCの導入状況──

3.1 質問の概要

　今回の調査は，日本管理会計学会多国籍企業研究委員会が，日本の多国籍企業における経営管理の現況を探るために2004年2～4月に行った郵便質問票調査である．本調査の詳細は，第1章 pp. 8-9 を参照されたい．

　本調査の質問は，① 海外子会社と親会社の関係に関する質問，② 海外直接投資に関する質問，③ 国際移転価格の設定に関する質問，④ 業績評価に関する質問，⑤ IT投資に関する質問，⑥ 国際化・多国籍化の程度に関する質問の6つに分類される．本稿では，業績評価に関する質問の回答について検討を行う．

　この業績評価に関する質問は，親会社の国際部門の責任者に対するものであり，「業績指標に関する質問」と「BSCの導入に関する質問」に分けられている．業績指標に関する質問は，海外子会社を製造子会社と販売子会社とに分け，それぞれの子会社の業績評価において，各指標をどの程度重視しているのかを5段階評価（5＝極めて重視している，1＝関係ない）で回答してもらっている．この質問は，最終的には，BSC導入に関連づけることを目的としているため，BSCの4つの視点において利用頻度の高いいくつかの指標を用いた．

　また，BSCの導入に関する質問では，親会社が現在BSCを導入しているのか，あるいは導入する予定であるのかを尋ねるとともに，海外子会社でBSCを導入する場合の障害について質問している．

　そこで，本稿では，海外子会社である製造子会社および販売子会社の業績評価において各指標をどの程度重視しているのか，親会社にBSCを導入している企業がどれだけあるのか，各指標に対する認識がBSC導入と関連しているのかどうか，そして子会社に対するBSC導入の障害は何であるのかに関して把握することを目的として，検討を行うこととする．

3.2 業績評価の現状

今回の業績評価に関する質問では,まず製造子会社および販売子会社の業績評価において,財務の視点,顧客の視点,内部業務プロセスの視点,そして学習と成長の視点の諸指標をどれくらい重視しているのかを尋ねている.

(1) 財務の視点の指標

財務の視点の指標では,売上高成長率,経常利益成長率,投資利益率,EVA®,そして企業価値を用いた.まず,製造子会社と販売子会社の業績評価において,各指標を重視する程度の平均値は次のとおりである.

図表 4-4 財務の視点の指標—平均値—

	製造子会社	平均値		販売子会社	平均値
1	経常利益成長率	3.90	1	経常利益成長率	4.31
2	投資利益率	3.64	2	投資利益率	4.05
3	売上高成長率	3.59	3	企業価値	3.36
4	企業価値	2.97	4	売上高成長率	3.03
5	EVA®	2.85	5	EVA®	2.87

これによると,製造子会社と販売子会社とではあまり差が見られない.しかし,売上高成長率と投資利益率の順位が逆になっている.さらに,5つの指標の中で,投資利益率のみが販売子会社よりも製造子会社に対して重視されている.これは,製造子会社が設備に対する投資額が大きいためではないかと考えられる.また,販売子会社は売上高の推移に注意しなければないため,投資利益率よりも売上高成長率を重視していると推察できる.

さらに,製造子会社でも販売子会社でも,企業価値およびEVA®を重視している企業は少ない.これは,本調査の時点では,EVA®や企業価値が日本企業において重視されていない,あるいは海外子会社に対しては重視されていないことを示していると考えられる.

それでは,親会社の国際部門責任者が製造子会社と販売子会社に対する業績評価において,各指標に関する認識が異なるかどうかを確認するために,対応サンプルのt-検定を行うこととする.この結果は次のとおりである.

図表4-5 財務の視点の指標―対応サンプルの t-検定―

		N	平均値	t 値	p 値
売上高成長率	製造子会社	39	3.59	−3.061	0.004
	販売子会社	39	4.05		
経常利益成長率	製造子会社	39	3.90	−3.132	0.003
	販売子会社	39	4.31		
投資利益率	製造子会社	39	3.64	1.764	0.086
	販売子会社	39	3.36		
EVA®	製造子会社	39	2.85	−0.572	0.570
	販売子会社	39	2.87		
企業価値	製造子会社	39	2.97	−1.000	0.324
	販売子会社	39	3.03		

(極めて重要＝5, 関係ない＝1)

上表より，売上高成長率と経常利益成長率に関しては製造子会社と販売子会社の差が有意（1％水準）である．したがって，売上高成長率と経常利益成長率は製造子会社よりも販売子会社に対する業績評価において重視されていることが分かった．これは，販売子会社が与えられている役割から考えても当然といえるだろう．しかし，その他の指標については，それぞれの平均値について有意な差は認められなかった．したがって，前述した製造子会社は投資額が大きいため，投資利益率が重視されているという予見は否定された．

(2) 顧客の視点の指標

顧客の視点では，顧客からのクレーム発生件数，リピート購買率，顧客定着率および年間売上高の4つの指標を用いた．この顧客の視点の各指標を重視する程度の平均値を算出すると，次のような順位となった．

図表4-6 顧客の視点の指標―平均値―

	製造子会社	平均値		販売子会社	平均値
1	クレーム発生件数	4.16	1	クレーム発生件数	4.00
2	リピート購買率	3.31	2	リピート購買率	3.81
3	顧客定着率	3.28	3	顧客定着率	3.72
4	年間売上高	2.89	4	年間売上高	3.47

第4章 業績評価

　顧客の視点の指標については，製造子会社に対しても販売子会社に対しても，各指標に対する重要性の認識の順位は同じである．しかし，平均値を見ると，クレーム発生件数は販売子会社よりも製造子会社に対して重視されているが，その他の3つの指標は製造子会社よりも販売子会社に対して重視される程度が高い．

　まず，クレーム発生件数については，回答の結果を詳しく見ていくと，「極めて重要である」との回答が，製造子会社においては45社中21社であった．それに対して，販売子会社においては47社中11社であり，違いが見られた．さらに平均値の結果は上述したとおりである．したがって，国際部門責任者は，クレーム発生件数を，販売子会社よりも製造子会社の活動の結果を明確に示すものであると考え，製造子会社に対して重視していると推察できる．

　また，リピート購買率，顧客定着率，そして年間売上高はそれぞれ製品自体にもかかわるものであるが，直接顧客と接する販売活動に密接に関連するものであるため，販売子会社に対して重視されていると考えられる．

図表4-7　顧客の視点の指標―対応サンプルのt-検定―

		N	平均値	t 値	p 値
クレーム発生件数	製造子会社 販売子会社	38 38	4.16 4.00	1.233	0.225
顧客定着率	製造子会社 販売子会社	36 36	3.28 3.72	−2.597	0.014
リピート購買率	製造子会社 販売子会社	36 36	3.31 3.81	−2.918	0.006
年間売上高	製造子会社 販売子会社	36 36	2.89 3.47	−4.004	0.000

（極めて重要＝5，関係ない＝1）

　対応サンプルのt-検定を行った結果は図表4-7のとおりである．製造子会社と販売子会社の業績評価において，各業績指標を重視する程度の差は，リピート購買率と年間売上高について有意（1％水準）であった．これは，親会社の国際部門責任者が，リピート購買率および年間売上高という指標は製造子

会社よりも販売子会社の活動に関連が強いと考えているためであると考えられる．追加として5％水準で見てみると，顧客定着率も有意となった．したがって，上述した2つ目の予見が認められたと考えられる．また，クレーム発生件数については，有意水準が「0.225」ということで有意な差は認められず，製造子会社と販売子会社で認識の違いはないことが分かった．

(3) 内部業務プロセスの視点の指標

内部業務プロセスの視点の指標としては，製品単位当たり製造原価，歩留り率，納期充足率，生産リードタイムおよび新製品開発期間を用いた．その内部業務プロセスの視点における各指標を重視する程度の平均値は，次のとおりである．

図表4-8 内部業務プロセスの視点の指標—平均値—

	製造子会社	平均値		販売子会社	平均値
1	製造原価	4.39	1	納期充足率	3.55
2	歩留り率	4.22	2	新製品開発期間	3.09
3	生産リードタイム	4.09	3	製造原価	2.82
3	納期充足率	4.09	4	生産リードタイム	2.63
5	新製品開発期間	3.36	5	歩留り率	2.34

図表4-8より，製造子会社と販売子会社で順位が大きく異なっていることが分かる．製造子会社では，製造原価，歩留り率，生産リードタイムおよび納期充足率は平均値が4以上になっており，重視される程度が高い．製造子会社は製品を効率よく製造し，市場に送り出すことをその役割としているため，製造原価，歩留り率および生産リードタイムという製造の効率性にかかわりが深い指標が上位を占めていると考えられる．

一方，販売子会社は，製造子会社と比較して順位がまったく異なっており，顧客へ製品を提供するまでの時間に関する指標が他の指標よりも重視されている．さらに，販売子会社は製造子会社に比べて，平均値が低い値を示している．

以上のことを踏まえて，各指標に関して製造子会社と販売子会社とで違いが見られるかどうかを確認するために，対応サンプルのt-検定を行った．

図表 4 - 9　内部業務プロセスの視点―対応サンプルの t-検定―

		N	平均値	t 値	p 値
新製品開発期間	製造子会社 販売子会社	33 33	3.36 3.09	1.103	0.278
生産リードタイム	製造子会社 販売子会社	32 32	4.09 2.63	5.110	0.000
納期充足率	製造子会社 販売子会社	33 33	4.09 3.55	2.796	0.009
歩留り率	製造子会社 販売子会社	32 32	4.22 2.34	7.297	0.000
製造原価	製造子会社 販売子会社	33 33	4.39 2.82	5.871	0.000

(極めて重要＝5，関係ない＝1)

図表4-9より，製造子会社と販売子会社の検定の結果をみると，新製品開発期間以外は1％水準で有意となっている．これは，生産リードタイム，納期充足率，歩留り率および製造原価が販売子会社よりも製造子会社の業績評価で重視されていることを示している．したがって，前述の推察が支持されたこととなる．また，新製品開発期間も平均値を見ると販売子会社よりも製造子会社の方が高い数値を示しているが，その差は有意ではなかった．

さらに，5つのうち4つの指標が製造子会社において重視されているという結果が出たことは，内部業務プロセスの視点で用いた指標が製造子会社に関連するものに偏っていたことによると思われる．これは今回の調査の反省事項である．

(4)　学習と成長の視点の指標

最後に，学習と成長の視点の指標の結果を見ていくこととする．まず，学習と成長の視点では，離職率，従業員一人当たり研究期間，全製品に占める新製品比率，資格保有率およびクロスライセンス成約数を指標として用いている．この5つの指標の製造子会社と販売子会社における平均値の順位は図表4-10のとおりである．

これを見ると，製造子会社も販売子会社も順位は同じである．また平均値で

は，学習と成長の視点の指標は他の視点の指標と比較して重視されていないことが分かる．これにより，現在非財務的指標の重要性が増していると指摘されているにもかかわらず，学習と成長の視点に関する非財務的指標が各企業の業績評価において重視されるにいたっていない，あるいは海外子会社の業績評価において重視されていないことが推察できる．

図表4-10 学習と成長の視点の指標—平均値—

	製造子会社	平均値		販売子会社	平均値
1	離職率	3.41	1	離職率	3.22
2	研究期間	3.00	2	新製品比率	3.05
3	新製品比率	2.95	3	研究期間	2.97
4	資格保有率	2.81	4	資格保有率	2.70
5	クロスライセンス	2.58	5	クロスライセンス	2.53

また，離職率を除いた指標は製造子会社と販売子会社における差がほんのわずかである．離職率は販売子会社よりも製造子会社について重視されていることが分かるが，その差も大きくない．それでは，実際に製造子会社と販売子会社に関して，指標の重要性の認識に違いがあるかどうか見てみよう．

図表4-11 学習と成長の視点—対応サンプルのt-検定—

		N	平均値	t値	p値
離職率	製造子会社 販売子会社	37 37	3.41 3.22	2.021	0.051
研究期間	製造子会社 販売子会社	37 37	3.00 2.97	0.329	0.744
資格保有率	製造子会社 販売子会社	37 37	2.81 2.70	1.160	0.254
クロスライセンス	製造子会社 販売子会社	36 36	2.58 2.53	0.349	0.729
新製品比率	製造子会社 販売子会社	37 37	2.95 3.05	−1.160	0.254

(極めて重要＝5，関係ない＝1)

図表4-11より，どの指標についても平均値の差が有意とはいえず，離職率

でさえ，製造子会社と販売子会社の差は有意ではなかった．したがって，学習と成長の視点の指標に関しては，製造子会社と販売子会社に対して，重視する程度に差はないことが分かった．

3.3 BSC の導入状況

(1) BSC の導入の有無

各企業における業績指標の利用状況と関連して，BSC の導入に関する質問について検討することとする．今回の調査では，まず親会社において BSC を導入しているかどうかを質問した．その結果は以下のとおりである．

図表 4-12　BSC の導入状況

	導入済み	導入予定	導入予定なし	無回答	合計
度数	7	12	37	18	74
比率	9.5%	16.2%	50.0%	24.3%	100.0%

上表によると，導入済みの企業が9.5%，導入予定の企業が12%となっており，調査時点で BSC を考慮している企業が20%以上あることが分かる．また，これを年別に示すと以下のとおりである．

図表 4-13　親会社で導入済み企業

導入年	1999	2000	2001	2002	2003	不明	合計
企業数	1	2	1	1	1	1	7

図表 4-14　親会社で導入予定の企業

導入予定年	2004	2005	2006	検討中	合計
企業数	7	2	1	2	12

図表4-14より，2004年に導入予定の企業が7社あることが分かった．本調査は，2004年の2-4月に行ったため，調査時点で BSC が次第に日本企業に浸透してきていたと考えられる．しかし，導入予定の7社のうちどれだけの企業が実際に BSC を導入したのかは追跡調査し，確認する必要があるだろう．

BSCは，前述したとおり，財務的指標と同様に，非財務的指標を重視し，4つの視点の指標のバランスを考慮したツールである．したがって，BSCを導入済みあるいは導入予定の約20％の企業は，導入を予定していない企業よりも，業績評価において非財務的指標を重視していると推察できる．

　そこで，まず製造子会社および販売子会社に対するすべての指標の重視度とBSCの導入状況とのクロス表を作成した．そして，BSCを導入している企業，導入予定の企業，そして導入する予定のない企業によって各指標に対する重視度が異なるかどうかを確認するために，カイ2乗検定を行った．

図表4-15　クロス表（BSC導入の有無×新製品開発期間）—製造子会社—

		新製品開発期間					
		1	2	3	4	5	合計
BSCの導入の有無	導入予定なし	0	4	10	10	4	28
	導入予定	4	1	2	3	0	10
	導入済み	0	0	3	2	1	6
	計	4	5	15	15	5	44

（極めて重要＝5，関係ない＝1）

図表4-16　クロス表（BSC導入の有無×経常利益成長率）—販売子会社—

		経常利益成長率					
		1	2	3	4	5	合計
BSCの導入の有無	導入予定なし	0	0	2	15	14	31
	導入予定	0	1	0	6	3	10
	導入済み	0	0	2	3	0	5
	計	0	1	4	24	17	46

（極めて重要＝5，関係ない＝1）

　その結果，BSC導入の有無により，重視度が異なる指標は製造子会社の新製品開発期間（0.029）と販売子会社の経常利益成長率（0.042）だけであった（両側有意確率＜0.05）．この製造子会社の新製品開発期間と販売子会社の経常利益成長率のクロス表は図表4-15，4-16のとおりである．

それでは，各指標に対する重視度は，BSC 導入の有無とどのような関連があるだろうか．この関係を確認するために，BSC 導入の有無と各指標の相関関係を見てみることとした．上述したとおり，BSC を導入している企業あるいは導入を予定している企業は非財務的指標を重視していると考えられるため，BSC 導入の有無（導入予定なし＝1，導入予定＝2，導入済み＝3）と非財務的指標に対する重視度（関係ない＝1，極めて重要＝5）は正の相関があるだろうと推測できる．したがって，以下では，データを間隔尺度とみなした場合のピアソン（Pearson）の相関係数の検定とともに，各指標の重視度およびBSC 導入の有無を3段階あるいは5段階の順序尺度であることに着目したスピアマン（Spearman）の順位相関係数の検定を行うこととする[1]．

まず，財務の視点の指標を分析すると図表4-17のとおりである．

図表4-17　BSC の導入状況との相関係数―財務の視点の指標―

		N	Pearson		Spearman	
			相関係数	p値	相関係数	p値
売上高成長率	製造	46	−0.247	0.098	−0.216	0.150
	販売	48	−0.054	0.723	−0.056	0.712
経常利益成長率	製造	46	−0.291	0.050	−0.252	0.091
	販売	48	−0.305	0.039	−0.284	0.056
投資利益率	製造	47	−0.176	0.242	−0.145	0.335
	販売	47	−0.026	0.866	−0.071	0.639
EVA®	製造	46	0.227	0.130	0.236	0.114
	販売	47	0.179	0.234	0.191	0.204
企業価値	製造	46	0.152	0.313	0.147	0.330
	販売	47	0.177	0.238	0.181	0.228

これを見ると，製造子会社に関する売上高成長率，経常利益成長率，EVA®，販売子会社の経常利益成長率でやや相関があることが分かった．しかし，有意であったのは，ピアソンの相関係数の検定の場合の製造子会社と販売子会社の経常利益成長率だけであった．したがって，経常利益成長率のみはBSC の導入の有無と負の相関があり，BSC を導入していない企業ほど重視していると

いう結果となった．しかし，上述したとおりやや相関があるという結果しか得られず，順位相関係数を用いた場合にはどの指標も有意とは言えなかった．したがって，財務の視点の指標とBSC導入の有無との相関関係は見出せない．

次に，顧客の視点の指標を見てみよう．

図表4‐18　BSCの導入状況との相関係数―顧客の視点の指標―

		N	Pearson 相関係数	Pearson p値	Spearman 相関係数	Spearman p値
クレーム発生件数	製造	45	−0.148	0.337	−0.178	0.247
	販売	47	0.000	1.000	0.037	0.808
顧客定着率	製造	43	−0.240	0.121	−0.223	0.151
	販売	46	−0.179	0.238	−0.137	0.368
リピート購買率	製造	43	−0.258	0.095	−0.239	0.123
	販売	45	−0.148	0.333	−0.097	0.524
年間売上高	製造	43	−0.293	0.057	−0.280	0.069
	販売	46	−0.225	0.137	−0.176	0.248

顧客の視点の指標では，製造子会社の顧客定着率，リピート購買率，そして年間売上高，および販売子会社の年間売上高がやや負の相関があるという結果となった．しかし，どれも有意ではなく，BSCの導入状況との相関関係は認められなかった．

また，内部業務プロセスの視点の指標の結果は図表4‐19のとおりである．この結果を見ると，製造子会社の新製品開発期間と販売子会社の生産リードタイムが，BSCの導入状況とやや負の相関があることが分かるが，これらも有意ではなく，相関関係が認められなかった．

最後に，学習と成長の視点について見てみることとする．結果は，図表4‐20のとおりである．

この視点の中では，販売子会社の新製品比率がBSCの導入状況とやや正の相関があるのみで，他の指標はほとんど相関がみられない．また，販売子会社の新製品比率も有意ではなく，相関関係があるとは認められなかった．

図表 4-19　BSC の導入状況との相関係数―内部業務プロセスの視点の指標―

		N	Pearson		Spearman	
			相関係数	p 値	相関係数	p 値
新製品開発期間	製造	44	−0.275	0.071	−0.218	0.156
	販売	39	−0.078	0.636	−0.020	0.905
生産リードタイム	製造	45	−0.092	0.552	−0.062	0.691
	販売	38	−0.276	0.094	−0.273	0.097
納期充足率	製造	43	0.014	0.928	0.078	0.617
	販売	40	0.128	0.433	0.158	0.330
歩留り率	製造	44	0.108	0.492	0.105	0.503
	販売	38	−0.179	0.281	0.158	0.330
製造原価	製造	45	−0.070	0.654	−0.081	0.599
	販売	39	−0.072	0.665	−0.061	0.713

図表 4-20　BSC の導入状況との相関係数―学習と成長の視点の指標―

		N	Pearson		Spearman	
			相関係数	p 値	相関係数	p 値
離職率	製造	45	−0.186	0.222	−0.196	0.198
	販売	44	−0.073	0.643	−0.058	0.711
研究期間	製造	45	−0.019	0.900	−0.065	0.671
	販売	44	0.019	0.904	0.043	0.783
資格保有率	製造	45	−0.006	0.971	−0.012	0.937
	販売	44	−0.053	0.737	−0.037	0.818
クロスライセンス	製造	44	−0.049	0.752	−0.039	0.799
	販売	43	0.137	0.379	0.140	0.370
新製品比率	製造	45	0.069	0.654	0.057	0.710
	販売	44	0.202	0.193	0.220	0.157

以上より，販売子会社の経常利益成長率がカイ 2 乗検定において BSC の導入状況によって重視する程度が異なることが判明した．さらに，相関係数の検定でも，販売子会社の経常利益成長率が最も相関係数が大きく，有意であったが，やや負の相関があるという程度でしかなかった．結果として，非財務的指

標を重視する企業はBSCを導入する傾向にあるという仮説は認められなかった．したがって，日本企業がBSCを導入する場合には，その他の要因が影響を及ぼしていると考えられる．この要因の追究は，今後の研究課題とする．

(2) 海外子会社でBSCを導入する場合の障害

今回の調査では，海外子会社でBSCを導入する場合の障害についても質問した．これは，BSCを導入している企業が海外に所在する子会社にまでBSCを拡大するにいたっているのかどうか，またさまざまな環境下にある海外子会社にBSCを適用する場合，それを阻む要因とは何であるのかを明らかにするための質問である．この結果は，以下のとおりである．

図表4-21 海外子会社にBSCを導入する場合の障害

		度数	比率
1	本社でもBSCを導入した経験がない．	35	47.3%
2	すでにBSCに類似する方法を用いている．	11	14.9%
3	現地法人の管理者にBSCを運用できる人材がいない．	6	8.1%
4	現地法人の従業員がBSCによる目標管理になじまない．	4	5.4%
5	その他（障害はない）	1	1.4%
6	無回答	17	23.0%
	合　　計	74	100.0%

※ 複数回答可

この結果をみると，まず，一番の障害は，本社でもBSCを導入したことがないという経験の有無である．多様な環境下にある海外子会社に対して，本社でも導入していないツールを用いることは困難であると考えるため，当然の結果といえるだろう．次に回答が多かった項目は，「既にBSCに類似する方法を用いている」というものである．また，この質問に答えていないが，コメントとして「格段に新しい概念であるとは思えない」と記載している企業もあった．これは，実際にBSCの機能を理解した上での回答であるかどうかは疑問である．日系企業が従来非財務的指標を重視しており，目標管理を行っていたことは周知の事実であるが，BSCと日本の目標管理とは同じものとは言えない．したがって，BSCを熟知した上での回答であるかどうかが問題となるだ

ろう.

また，この質問について，既にBSCを導入している企業はどのような回答をしているだろうか.

図表4-22 海外子会社にBSCを導入する場合の障害―BSC導入企業―

		導入済	導入予定	合計
1	本社でもBSCを導入した経験がない.	0	8	8
2	すでにBSCに類似する方法を用いている.	3	1	4
3	現地法人の管理者にBSCを運用できる人材がいない.	2	3	5
4	現地法人の従業員がBSCによる目標管理になじまない.	2	0	2
5	その他（障害はない）	1	0	1
6	無回答	0	2	2
	合計	8	14	22

まず，注意すべきなのは，「本社でもBSCを導入した経験がない」という項目は，親会社がBSCの導入を予定している企業でも12社中8社が障害と考えていることである．BSCは，トップ・マネジメントのビジョンや戦略を各組織単位あるいは各個人に浸透させ，戦略実行へと動機づけることのできるシステムである．したがって，まず親会社で導入し，その後順次子会社への導入を考えていくのは当然のことといえるだろう．

また，親会社でBSCを導入済みの企業では，既に類似する方法を用いている企業が3社，現地法人の管理者および従業員の問題が各2社となっている．ここでは，海外子会社への導入の有無は尋ねていないが，この結果によると，障害がないと答えている企業は1社のみであり，他の企業は，親会社がBSCを導入していても，海外子会社への導入はそれぞれの理由から行われていないと推測できる．

なお，BSCを海外子会社に導入することに関する障害はないと答えている企業は，既にBSCを導入している．この企業は，子会社総数に占める海外子会社の割合が83.7％，売上高についても59％，資産についても43.8％と多国籍化の程度が高い企業といえるだろう．したがって，この企業については実際にどのようなBSCの導入を行っているのか個別に調査したい．

§4 おわりに

　本稿では，まず多国籍企業における製造子会社および販売子会社に対する業績評価においてどのような業績指標が重視されているのかを平均値で見ていくとともに，各指標に対する重要性の認識について製造子会社と販売子会社に違いがあるのかどうかを考察した．製造子会社と販売子会社の違いを分析するために，対応サンプルの t-検定を用いた．

　その結果，製造子会社と販売子会社との間に重要性の認識の違いが見られるのは，有意水準1％では，財務の視点の売上高成長率と経常利益成長率，顧客の視点のリピート購買率と年間売上高，内部業務プロセスの視点の生産リードタイム，納期充足率，歩留り率および製造原価であった．これは，売上高成長率と経常利益成長率，リピート購買率および年間売上高は製造子会社よりも販売子会社で重視されていることを示している．また，生産リードタイム，納期充足率，歩留り率および製造原価は，販売子会社よりも製造子会社の業績評価で重視されていることが分かった．さらに，有意水準を5％にすると，顧客の視点の顧客定着率も製造子会社と販売子会社で有意な差が見られることとなり，製造子会社よりも販売子会社で重視されている．

　さらに，BSC は財務的指標とともに非財務的指標を重視するため，BSC を導入している，あるいは導入する予定の企業は，導入していない企業よりも非財務的指標を重視していると仮定して分析を行った．その結果，BSC の導入と非財務的指標を重視していることとの関連性は認められず，仮定は支持されなかった．したがって，日系多国籍企業の業績評価において，あるいは日系多国籍企業の海外子会社の業績評価においては，非財務的指標が重視されているかどうかに関係なく BSC の導入が考慮されていることが分かった．BSC 導入の原動力については今後の検討課題としたい．

　最後に，海外子会社への BSC 導入に関する障害について検討した．この結果は，「本社でも導入したことがない」という項目が全体で47.3％，導入予定

の企業では57.1％であった．これは，さまざまな環境で活動を行っている海外子会社に新しいツールであるBSCを導入するにあたり，親会社でも用いていないときに，あるいは親会社と同時に導入するのは困難であるからであろうと思われる．BSC導入に関する障害については，障害はないと回答した企業および各障害を挙げた企業について個別の調査を行う必要があるだろう．

以上より，今回の分析では，BSCの導入と各業績指標を重視する程度との間に関連性を見出すことはできなかった．また，今回の調査および分析では反省すべき点およびさらなる調査の必要な点が浮き彫りになった．したがって，今後多国籍企業における管理会計実務を調査し，研究する上で次のことを考慮に入れることとする．

① 今回の結果は，調査の質問に用いた業績指標の種類が影響を及ぼしていると考えられるため，業績指標の選択についてさらに熟慮する．
② 今後，日系多国籍企業が非財務的指標を重視するようになっているか追跡調査する．
③ BSCを導入する予定としていた企業が実際にBSCを導入したのかどうか，どのように導入したのか，そしてどのように運用しているのかを追跡調査する．
④ 非財務的指標を重視している企業がBSCを導入するわけではないことが明らかになったため，日系多国籍企業がBSCを導入する理由を追求する．
⑤ 海外子会社にBSCを導入する場合の障害がないと回答した企業を個別に調査し，その導入方法および運用方法を検討する．

注
1) 相関関係の強さの目安は次の通りである．
0.0から0.2あるいは　0.0から−0.2 → ほとんど相関がない
0.2から0.4あるいは −0.2から−0.4 → やや相関がある
0.4から0.6あるいは −0.4から−0.6 → 相関がある
0.6から0.8あるいは −0.6から−0.8 → 強い相関がある
0.8から1.0あるいは −0.8から−1.0 → 極めて強い相関がある

付録　シャープ株式会社におけるBSCの導入事例（林，2005）

1. BSC導入の背景

　シャープ株式会社（以下シャープ）は，2002年度から事業構造の変革，オペレーションの変革，そして経営管理システムの変革を開始した．この中で，事業構造の変革およびオペレーションの変革を加速し，透明性，精度の高い経営（クリスタルクリアカンパニー）を実現することを目的として，経営スピードと戦略の実行力を高め，自助自立経営を行い，そして戦略指向に立った人材を育成することができるよう，経営管理システムを変革することとした．その経営管理システムを変革するために，BSCを導入したのである．

　経営管理システムの変革のために，BSCを導入した理由は次のとおりである．第1に，従来，短期的な財務目標の追求に偏重しがちであったため，BSCを用いることにより，4つの視点で財務的指標および非財務的指標を用いたバランスのとれた戦略立案ができるようになる．第2に，今までの戦略は網羅的であったが，現在では重点的に取り組まなければならないテーマを選択し，そのテーマに資源を集中する「選択と集中」が重要となっている．したがって，BSCを用いた場合，選択したテーマをどのように実現するのかを戦略マップにより明示することができるとともに，それを共有することができる．

　第3に，従来，全社的な方針を各組織単位や各個人の目標へ関連づけることが不十分であった．そこで，BSCを導入し，戦略マップを利用することにより，全社的な方針と各組織単位および各個人の目標の連鎖を明確にすることができる．

　第4に，従来，目標とその目標の達成度が曖昧であった．したがって，BSCを用いることにより，すべての目標に定量的に測定可能な「成果指標」を設定して実行管理を行うとともに，その達成度に応じた業績評価を行うことが可能となる．

2. BSC導入のプロセス

　シャープは，BSCを導入するために，次のような体制をとった．
① 経営企画室内にBSC（eS-SEM）推進グループを設置．
② 全社にeS-SEM推進委員会を設置し，傘下に5つの専門分科会を設置．

③ 経営企画室を事務局として、全社経営の取組みと位置付け.

シャープは、このような BSC を推進するための組織体制をとるとともに、全社組織図の第1階層の全組織と、それに準ずる本社直轄部門、プロフィット・センターである事業部を BSC 導入の対象とした. なお、2004年10月からは、全組織の副参事までを対象に、現行の個人業績評価制度に代わる戦略的目標管理システムを導入している.

上述したように、シャープは全社的な方針と経営組織および個人の目標との連鎖を明確にするために、BSC を導入することにした. したがって、全社・事業本部戦略を、各部門の戦略に落とし込み、さらにその部門の各個人の目標に落としこみ、BSC-P と呼ばれる戦略的目標管理システムにより個人目標の管理を行うことにしたのである.

そのため、コンピュータ上で、上位目標が組織単位にどのように展開されているのかを確認できるようになっている. さらに、各個人に落とし込まれた戦略目標の実績の推移も明示されている.

また、このシステムが適切に運用できているかどうかを確認するための運用状況確認シートもあり、目標設定、上位との面談、実績入力等の状態が確認できるようになっている. これにより、管理者が部下の管理を行っていることを監視することができる. また、業績評価シートにより、期末実績の達成度と配点ウェイトにより評点を計算することができ、これを用いて上長と面談することができる.

3. シャープにおける BSC の基本構造

シャープは従来行っている目標管理に BSC の機能や特徴を加えることにより、戦略実行をより確かなものにすることを目指した. これは戦略的な目標管理システムであり、同社では BSC-P (BSC Personal System) と呼ばれている. BSC-P は、専用の IT シ

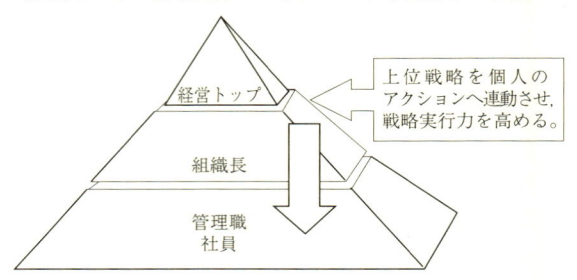

図表 4-23 戦略実行のマネジメントを支援する仕組み

ステムを用い，個人の戦略目標の達成状況に合わせてメッセージや警告を個々に出すことで，期中の適正な制度運用を促進している．これは，2005年4月現在，約5,000人の管理者全員に対して適用されている．

まず，このシステムは上位の戦略目標と各個人の目標との連鎖性を明確にする．この連鎖とは，全社・事業本部戦略，部門戦略，個人の戦略目標のつながりである．戦略目標の連鎖により，個人の戦略目標の達成状況を管理することによって戦略の実行力を高めるのである．

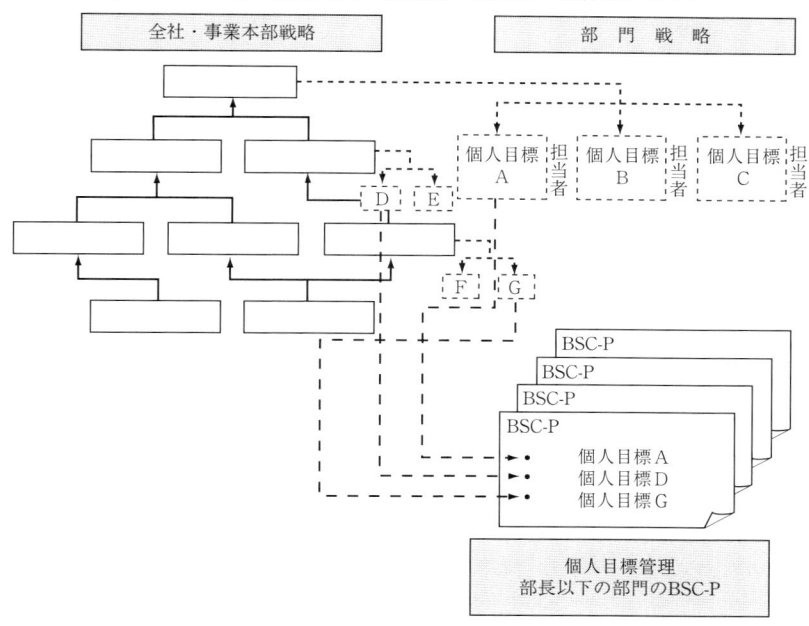

図表4-24 上位戦略目標との連鎖性—戦略的目標管理システム—

また，成果を示す業績評価を定量的に設定することにより，戦略を実行すべくPDCAサイクルを実施する．戦略目標の実績の変化についてはコンピュータ上で確認することができるようにIT化されている．

このIT化は，次のような環境をつくるために行われた．
① 末端の従業員まで戦略を理解し実行するための情報環境
② 戦略の実行状況・結果をすばやくフィードバックする情報環境

③ 制度の実行状況が確認できる情報環境
④ 戦略的コミュニケーションが可能な情報環境
⑤ 戦略が従業員に求める能力知識をオンデマンドに実行できるラーニング環境

以上のような環境をつくることにより，戦略の組織全体への浸透を目指すとともに，その戦略実行が適切に行われているかどうかを適時に知ることができる．そして，それに対する適切な修正行動をとることができるのである．

また，新しいシステムである BSC を企業内に定着させるために，経営企画室と人材開発センターが一体となって，各事業本部に事業本部長を支援する本部リーダー，各事業部長を支援する実務リーダー，そして部門長を支援する職場リーダーを育成している．職場リーダーは一般管理職に就いている管理者に対する職場説明会を行うとともに，人材開発センターは約5,000人の一般の管理者に対してeーラーニングシステムを活用してBSC に関して学ばせている．

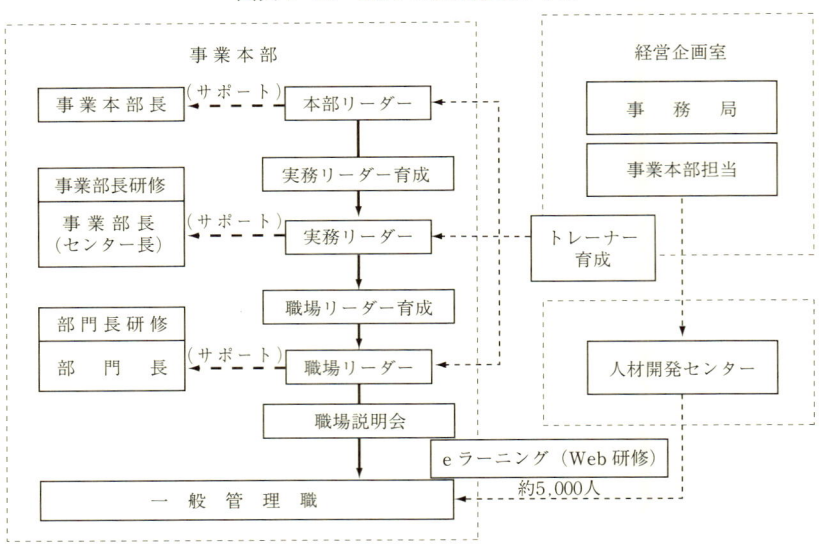

図表4-25　BSCの組織定着の手法

これは，単にシステムを使い，BSC に関する説明を行うだけでなく，実際に理解できているかどうかの理解度テストを行うことにより BSC への理解を徹底させている．

4. BSC 導入による成果

シャープは BSC を導入したことによる成果として次の4つを挙げている．まず，戦略的コミュニケーションが活性されたことである．このシステムにより，各事業に関する課題や戦略を企業全体で共有することができるようになり，戦略の遂行が促進される．

第2に，戦略において何に重点を置かなければならないかということが明確になった．それにより，経営資源を効率よく活用することができるようになる．また，定性的であった目標を定量化することにより，明確な目標を企業全体に提示することができ，戦略達成および目標達成へと導くことができるようになる．

第3に，顧客志向をより高めることができた．顧客の視点を戦略遂行のシステムに組み込むことにより，顧客へとよりよい価値を提供するという意識がより高まってきたのである．また，将来を見据えた人材の育成やナレッジの蓄積に関する視点を組み込むことにより，バランスのとれた戦略を遂行することができるようになったのである．

第4に，このシステムを用いることにより，各組織単位が行わなければならないミッションを再認識することができるようになった．

以上のように，シャープは BSC を導入したばかりである．したがって，いくつかの成果が上がってはいるが，問題点も多い．たとえば，いまだに短期志向である，あるいは目標や目標値の妥当性が曖昧であるなどである．現在，シャープは，BSC をよりよく活用できるように問題解決を目指しているところである．

参 考 文 献

Gray, S. J., S. B. Salter, and L. H. Radebaugh, 2001, *Global Accounting and Control : A Managerial Emphasis*, John Willey & Sons.

Iqbal, M. Z., T. U. Melcher, and A. A. Elmallah, 1997, *International Accounting : A Global Perspective*, South-Western College Publishing.

Kaplan, R. S. and D. P. Norton, 1996, "Using the Balanced Scorecard as a Strategic Management System," *Harvard Business Review* 74 (1) : 75-85.

Kaplan, R. S. and D. P. Norton, 1996, *The Balanced Scorecard : Translating Strategy Into Action*, Harvard Business School Press. （吉川武男訳，1997，『バランス・スコアカード——新しい経営指標による企業変革——』，生産性出版．）

Kaplan, R. S. and D. P. Norton, 2000, *The Strategy-Focused Organization : How Balanced Scorecard Companies Thrive in the New Business Environment*, Har-

vard Business School Press. (櫻井通晴監訳, 2001, 『キャプランとノートンの戦略バランスト・スコアカード』, 東洋経済新報社.)
Landry, S. P., W. Y. C. Chan, and T. Jalbert, 2002, "Balanced Scorecard for Multinationals," *The Journal of Corporate Accounting and Finance* 13 (6): 31-40.
Radebaugh, L. H. and S. J. Gray, 2002, *International accounting and multinational enterprises (5th ed.)*, John Wiley & Sons.
Vernon, Raymond, 1971, *Sovereignty at Bay*, Basic Books.
West, S., 2000, "Implementing the Balanced Scorecard in a Global Environment," in J. B. Edwards, ed., *Emerging Practices in Cost Management (2000-2 ed.)*, Warren, Gorham & Lamont/RIA Group.
青木章通・櫻井通晴, 2003, 「戦略, 業績評価および経営品質に関する日本企業の経営行動——バランスト・スコアカードに関する郵送調査の分析——」, 『東京経大学会誌　経営学』236：111-132.
朝倉洋子, 2001, 「多国籍企業における業績評価に関する一考察」, 『産研論集』(関西学院大学) 28：39-46.
朝倉洋子, 2001, 「業績評価における EVA® の可能性——多国籍企業への適用」, 『商学研究』(関西学院大学) 49：1-20.
朝倉洋子, 2004, 多国籍企業における業績評価——EVA® とバランスト・スコアカードの統合に向けて——」, 『国際研究論叢』(大阪国際大学) 18 (1)：167-176.
上埜　進, 2001, 『管理会計——価値創出をめざして—第2版』, 税務経理協会.
櫻井通晴編, 2000, 『管理会計辞典』, 同文舘.
佐藤康男, 1997, 「日本企業の海外事業管理——海外現地法人の管理会計——」, 『経営志林』(法政大学) 34 (3)：59-74.
日本管理会計学会編, 2000, 『管理会計学大辞典』, 中央経済社.
林　昌芳, 2005, 「バランスト・スコアカードの組織戦略目標を連鎖しながら個人の目標に落とし込み戦略実行を実現する」, 2005年度日本管理会計学会発表.
松原恭司郎, 2003, 「日本企業における BSC 導入の概況」, 『企業会計』55 (5)：678-683.
宮本寛爾, 1989, 『多国籍企業管理会計』, 中央経済社.
宮本寛爾, 2003, 『グローバル企業の管理会計』, 中央経済社.

第5章 国際資本予算
——日系多国籍企業の実務——

甲南大学 杉 山 善 浩

§1 はじめに

　近年,企業の国際活動の重要性が叫ばれている.わが国の多国籍企業 (multinational enterprises, MNEs) のなかには,収益の半分以上を海外から獲得している企業も見受けられる.このように企業活動のボーダレス化が進むなかで,海外直接投資 (foreign direct investment) を合理的かつ賢明に行うことは,企業にとって極めて重要な意味をもつ.海外投資プロジェクトの採否決定に関する理論的な研究は,主として国際資本予算 (international capital budgeting) の分野において行われてきた.その成果は,アメリカで版を重ねる教科書に記述されている.

　本章の目的は,日本管理会計学会多国籍企業研究委員会が2004年2月に実施した多国籍企業の実態調査の結果にもとづいて,国際資本予算における「理論と実務の乖離」を明らかにすることにある.この分野において,理論が推奨する指針のいくつかが実務において受け入れられておらず,このことが合理的な海外投資プロジェクトの採否決定を阻害している可能性が高い.そこで本章では,なぜ,こうした乖離が生じているのかについて,若干の考察を加えようと思う.

　以下,本章の構成は次のようである.第2節では,国際資本予算の事例を提示する.この事例は,アメリカの代表的な教科書に記載されている国際資本予算の理論にもとづいて構築されている.次に第3節では,わが国の多国籍企業

の実態調査の結果にもとづいて国際資本予算の実務を記述する．さらにこの節では，われわれの調査から得られた「理論と実務の乖離」を明らかにする．そして第4節では，第3節で浮き彫りとなった乖離がなぜ生じているかについて若干の考察を加えようと思う．最後に第5節において，本章の結語を述べることにしたい．

§2 国際資本予算の事例

本節では，国際資本予算の事例を提示する．前述したように，海外投資プロジェクトの採否決定に関する研究は，主として国際資本予算の分野において行われてきた．1960年代以降，Shapiro, A. C. や Eiteman, D. K. らによってその理論的な整備が図られ，彼らの研究成果は，アメリカで版を重ねている代表的な教科書に記載されている[1]．ここでは，Shapiro (2002, 2003) の教科書に依拠して具体的な事例を提示し，国際資本予算の基本的な考え方を概観することにしよう．

多国籍企業が海外直接投資を行う場合，その究極の目的は，親会社の既存株主の利益を極大化することである．したがって，海外投資の最終的な評価は親会社の立場から行わなければならない．そのため，海外投資プロジェクトのキャッシュフロー計算は，国内事業と比べてかなり複雑となる[2]．この点を，次の日本工業（架空の企業）の事例からみていこう．

2.1 事例の提示

日本工業(株)は，東京に本社をおく多国籍企業である．現在（20X0年末），同社は，アメリカに製品Xの製造子会社を設立するか否かを検討している．日本工業は，これまでアメリカ市場において輸出により年間2,000個の製品Xを販売してきた．同市場でのさらなる売り上げの増大を期待しているものの，いまのところアメリカへの輸出を増やすことはできない．なぜなら，国内工場は生産能力のほぼ上限で操業しており，なおかつ国内需要を満たすことが政策的

に優先されるからである．

　この海外投資プロジェクトにおいて，固定資産（土地，建物，設備）への投資は，総額で5,000百万円と見積もられる（1ドル＝100円の為替レートで換算）．また，固定資産を取得した後，工場では即座にフル操業することが可能である．

　親会社（日本工業）は，海外子会社に対して売上高の7％に相当するライセンス料を課す．また，親会社は，製品Xの部品を海外子会社に販売する予定である．この対価として子会社は，購入時の市場価格にもとづいてドル建てで支払いをしなければならない．上記の部品以外の材料は現地調達となる．

　以上の条件のもとで，次に述べる三段階の評価を行う．それは，(a) 海外子会社の立場からの評価，(b) 親会社の立場からの評価，(c) 副次的効果の評価，である[3]．まずは，海外子会社の立場からの評価から始めよう．

2.2　海外子会社の立場からの評価

　海外子会社の立場からの評価では，通常の国内プロジェクトの評価と基本的に同じ手続を踏めばよい．具体的には，(1) 初期投資額の見積もり，(2) 年々のキャッシュフローの見積もり，(3) ターミナル・バリュー（terminal value）の見積もり，(4) 正味現在価値（net present value）または内部利益率（internal rate of return）などの意思決定指標の計算，といった手続である．

　(1)　初期投資額の見積もり

　初期投資額には，大きく分けて，固定資産への投資と正味運転資本の増加分への投資がある[4]．固定資産への投資額は5,000百万円である．建物と設備はともに，耐用年数8年，残存価額ゼロ，償却方法は定額法，という条件で減価償却される．正味運転資本の増加分への投資額は，翌年の売上高増加額の20％と見積もられ，初期投資時（20X0年末）において600百万円となる．以上のことから，初期投資額は合計5,600百万円である（図表5-1を参照されたい）．

　なお，正味運転資本の増加分への投資は，年々の売上高が今後，単調増加するため，初期投資時以降も必要となるが，これは次の(2)の「年々のキャッシュフ

ローの見積もり」において考慮される．

図表 5 - 1 初期投資額の見積もり

	20X0 (単位：万ドル)	20X0 (単位：百万円)
固 定 資 産		
1. 土　　　　地	800	800
2. 建　　　　物	2,000	2,000
3. 設　　　　備	2,200	2,200
4. 固定資産合計	5,000	5,000
運 転 資 本		
5. 売　掛　　金	470	470
6. 棚 卸 資 産	830	830
7. 差引：買掛金	(700)	(700)
8. 正味運転資本	600	600
総投資額（＝4＋8）	5,600	5,600

(注)　20X0年の為替レートは1ドル＝100円である．

初期投資に必要な資金の調達に関連して，親会社は海外子会社が発行する普通株式の全部を5,600百万円で購入する．すなわち日本工業は，アメリカの海外子会社を100％子会社にする予定である．

(2)　年々のキャッシュフローの見積もり

20X1年の製品Xの価格設定は500ドル（同年の予想為替レートを用いて換算すると49,050円）である．この価格のもとで，製品の販売数量は年間60,000個と予想される．製品の販売数量は年10％の割合で増加すると見込まれている．また，アメリカでは，今後5年間，年5％のインフレーションが予想されるため，製品の名目価格は年5％ずつ増加する（図表5 - 2を参照されたい）．為替レートの予測は，図表5 - 2に示すとおりである．これは，今後5年間の年インフレ率がアメリカにおいて5％，日本において3％であることを反映している[5]．

前述したように，日本工業は現在2,000個の製品Xをアメリカに輸出している．ところが，アメリカでの現地製造・販売に切り替えれば，20X1年以降，こ

図表5-2 製品Xの名目価格と為替レート

	20X0	20X1	20X2	20X3	20X4	20X5
名目価格（ドル）	—	500	525	551	579	608
為替レート（円）	100.0	98.1	96.2	94.4	92.6	90.8

れらの輸出はできなくなる．このため輸出品2,000個の新たな販売先として，需要が拡大している国内市場を見込んでいる．以上の条件のもとで，海外子会社の予想売上高は，図表5-3の項目番号3に示される．

図表5-3をみると，海外子会社の売上高は年15.5％ずつ増加している．これは，販売数量の増加率が年10％，販売価格の増加率が年5％であることから導かれる（1.10×1.05＝1.155）．また，図表5-2の為替レートをみると，円に対するドルの価値下落は年約2％なので，円換算された売上高の増加率は年13％程度にとどまる．

図表5-3 海外投資プロジェクトのキャッシュフロー

	20X1	20X2	20X3	20X4	20X5
1. 販売数量（千個）	60	66	73	80	88
2. 販売価格（ドル）	500	525	551	579	608
3. 売上高（1×2, 万ドル）	3,000	3,465	4,022	4,632	5,350
4. 単位当たり変動費（ドル）	280	294	309	324	340
5. 変動費総額（1×4, 万ドル）	1,680	1,940	2,256	2,592	2,992
6. 現金支出固定費（万ドル）	220	231	243	255	267
7. ライセンス料（3×7％, 万ドル）	210	243	282	324	375
8. 減価償却費（万ドル）	525	525	525	525	525
9. 営業利益（万ドル）	365	526	716	936	1,191
10. 法人税等（9×35％, 万ドル）	128	184	251	328	417
11. 税引後利益（万ドル）	237	342	465	608	774
12. 加算：減価償却費（万ドル）	525	525	525	525	525
13. キャッシュフロー（万ドル）	762	867	990	1,133	1,299
14. 正味運転資本追加投資額（万ドル）	(93)	(111)	(122)	(144)	—
15. キャッシュフロー合計（万ドル）	669	756	868	989	1,299

20X1年の単位当たり変動費は280ドル（日本の親会社からの部品の仕入原価

60ドルを含む)と見積もられる.アメリカ国内のインフレーションの影響を受けるため,その名目額は年5％の割合で増加する.また,20X1年の現金支出固定費は220万ドルと予想される.これもアメリカ国内のインフレーションの影響を受けるため,その名目額は年5％の増加となる.さらに,売上高の各年の増加率が15.5％なので,売上高の7％に設定されているライセンス料も年15.5％ずつ増加する.

図表5-1で示したように,建物および設備の取得原価はそれぞれ2,000万ドル,2,200万ドルである.これらはともに,耐用年数8年,残存価額ゼロ,償却方法は定額法,という条件で減価償却される.よって,両方合わせた年間減価償却費は525万ドルである.この金額はインフレーションの影響を受けないことに注意してほしい.

20X1年から20X5年までの各年における営業利益は,図表5-3の項目番号9で計算される.アメリカの法人税率を35％とすれば,図表5-3の項目番号11で税引後利益が計算され,これに減価償却費を加算することによりキャッシュフローが算出される.なお,海外投資プロジェクトのキャッシュフローの計算は,

(売上収入－現金支出費用)×(1－法人税率)＋減価償却費×法人税率

によっても行うことができる.例えば,20X1年の場合,次のようになる.

(3,000－1,680－220－210)×(1－0.35)＋525×0.35＝762 (万ドル)

図表5-3の項目番号14では,20X1年から20X4年までに正味運転資本追加投資額が表示されている.これは,上で述べたように,翌年の売上高増加額の20％で計算される.例えば,20X1年の場合,次のようになる.

(3,465－3,000)×0.20＝93 (万ドル)

項目番号13のキャッシュフローから正味運転資本追加投資額を控除し,キャッシュフロー合計が項目番号15に表示される.

(3) ターミナル・バリューの見積もり

この海外投資プロジェクトの計画期間は5年である.したがって,計画終了時点である2005年末において,それ以降に発生するキャッシュフローの,2005

年末時点における割引価値を計算しなければならない．この割引価値はターミナル・バリューと呼ばれる．この事例では，税引き後で5,000万ドルと見積もられたとしよう．このターミナル・バリューには，正味運転資本の累積投資額が20X5年末に回収される金額1,070百万ドル〔(600＋93＋111＋122＋144)百万ドル〕が含まれる．

(4) 意思決定指標の計算

海外投資プロジェクトの意思決定指標を算出するために，これまでに得られたデータを図表5-4に要約する．この図表の項目番号4には，海外投資プロジェクトの正味キャッシュフロー（名目額）が示されている．いま，海外子会社の名目資本コストを12％とすれば，正味現在価値は420.6万ドル，内部利益率は14.1％となる．したがって，海外子会社の立場から評価する場合，このプロジェクトは採用すべきであると判定される．

図表5-4　海外投資プロジェクトの正味キャッシュフロー　（単位：万ドル）

	20X0	20X1	20X2	20X3	20X4	20X5
1. 初期投資額	(5,600)					
2. 年々のキャッシュフロー		669	756	868	989	1,299
3. ターミナル・バリュー						5,000
4. 正味キャッシュフロー	(5,600)	669	756	868	989	6,299

2.3　親会社の立場からの評価

親会社のキャッシュフローを見積もるとき，キャッシュフローをインフローとアウトフローに分けて考える．親会社にとってのキャッシュ・アウトフローとは，初期投資額である．また，キャッシュ・インフローの源泉は，(1) 子会社からの配当によるもの，(2) 子会社からのライセンス料によるもの，(3) 子会社への部品輸出によるもの，の三つがある．以下では，これらの源泉を順にたどり，親会社の立場から海外投資プロジェクトの評価を行ってみよう．

(1) 子会社からの配当による税引後キャッシュフロー

海外子会社は税引後利益の全額を配当により親会社に送金すると仮定する．

そのさい，送金額の4％がアメリカにより源泉徴収課税されるが，すでにアメリカに支払った法人税額と源泉徴収額に外国税額控除[6] (foreign tax credit) が適用される．日本の法人税率を40％とすれば，子会社からの配当によって親会社に生じる税引後キャッシュフローは図表5-5の項目番号6に示される．

図表5-5 子会社からの配当による税引後キャッシュフロー

(単位：為替レートは円，それ以外は百万円)

	20X1	20X2	20X3	20X4	20X5
1. 子会社からの配当	232	329	439	563	703
(7×図表5-3の11)					
2. 源泉徴収額 (1×4％)	9	13	18	23	28
3. 源泉徴収後の配当 (1-2)	223	316	421	540	675
4. 外国税額控除					
a. 米国への法人税等	126	177	237	304	379
(7×図表5-3の10)					
b. 米国への源泉徴集額 (2)	9	13	18	23	28
c. 外国税額控除合計 (4a+4b)	135	190	255	327	407
5. 日本への法人税等					
a. 課税所得 (1+4a)	358	506	676	867	1,082
b. 日本への法人税等 (5a×40％)	143	202	270	347	433
c. 外国税額控除 (4c)	135	190	255	327	407
d. 控除後の日本への法人税等 (5b-5c)	8	12	15	20	26
6. 税引後キャッシュフロー (3-5d)	215	304	406	520	649
7. 為替レート	98.1	96.2	94.4	92.6	90.8

(2) 子会社からのライセンス料による税引後キャッシュフロー

海外子会社は売上高の7％をライセンス料として親会社に支払う．この送金に対して，アメリカは4％の源泉徴収課税を行う．上で述べた外国税額控除を考慮すれば，子会社からのライセンス料によって親会社に生じる税引後キャッシュフローは，図表5-6の項目番号6に示される．

(3) 子会社への部品輸出による税引後キャッシュフロー

すでに述べたように，海外子会社への部品輸出において，親会社の受け取るマージンは販売価格の25％である．したがって，親会社に十分な部品の生産能

§2 国際資本予算の事例　111

図表5-6　子会社からのライセンス料による税引後キャッシュフロー
(単位：為替レートは円，それ以外は百万円)

	20X1	20X2	20X3	20X4	20X5
1. 子会社からのライセンス料 (7×図表5-3の7)	206	234	266	300	341
2. 源泉徴収額 (1×4％)	8	9	11	12	14
3. 源泉徴収後のライセンス料 (1−2)	198	225	255	288	327
4. 日本への法人税等 (1×40％)	82	94	106	120	136
5. 控除後の日本への法人税等 (4−2)	74	85	95	108	122
6. 税引後キャッシュフロー (3−5)	124	140	160	180	205
7. 為替レート	98.1	96.2	94.4	92.6	90.8

力があるとすれば，海外子会社への部品売上高の25％が親会社の増分キャッシュフローとなる．日本の法人税率は40％なので，親会社は部品売上高の15％（＝25％×60％）に相当する税引後キャッシュフローを得る．

20X1年の販売価格は60ドル（同年の予想為替レートを用いて換算すると5,886円）である．この価格はインフレーションの影響を受けるため，年5％の割合で増加する．したがって，部品輸出による親会社の税引後キャッシュフローは，次の図表5-7の項目番号3に示すようになる．

図表5-7　子会社への部品輸出による税引後キャッシュフロー
(単位：販売数量，販売価格，為替レート以外は百万円)

	20X1	20X2	20X3	20X4	20X5
1. 販売数量 (千個)	60	66	73	80	88
2. 子会社への部品輸出					
a. 販売価格 (ドル)	60	63	66	69	73
b. 販売価格 (百円, 2a×4)	59	61	62	64	66
c. 部品売上高 (1×2b)	354	403	453	512	581
3. 税引後キャッシュフロー (2c×15％)	53	60	68	77	87
4. 為替レート (円)	98.1	96.2	94.4	92.6	90.8

(4) 意思決定指標の計算

図表5-8の項目番号3では，海外投資プロジェクトの正味キャッシュフロー（名目額）が計算されている．いま，親会社の名目資本コストを10％とす

れば，正味現在価値は－416.8百万円，内部利益率は8.0％となる．したがって，親会社の立場から評価する場合，この海外投資プロジェクトは棄却すべきであると判定される．

図表 5-8　海外投資プロジェクトの正味キャッシュフロー　（単位：百万円）

	20X0	20X1	20X2	20X3	20X4	20X5
1. キャッシュ・インフロー						
a. 配　　　当		215	304	406	520	649
b. ライセンス料		124	140	160	180	205
c. 部 品 輸 出		53	60	68	77	87
d. ターミナル・バリュー						4,540
e. 合　　　計		392	504	634	777	5,481
2. キャッシュ・アウトフロー						
a. 固 定 資 産	5,000					
b. 正味運転資本	600					
c. 合　　　計	5,600					
3. 正味キャッシュフロー (1e-2c)	(5,600)	392	504	634	777	5,481

（注）　20X5年末に生じるターミナル・バリュー4,540百万円は，同年の為替レート1ドル＝90.8円を用いて円換算したものである．

2.4　副次的要素の評価

これまでみてきた日本工業の事例において重要な仮定が一つある．それは，現在アメリカに輸出している年間2,000個のディーゼル・エンジンは，20X1年以降，国内市場で販売できるという仮定である．ここでは，このような仮定が妥当しない場合を考えてみよう．つまり，海外子会社による現地売上が親会社の輸出売上の全部あるいは一部を食ってしまう場合である．こうした場合，失われる輸出売上からのキャッシュフローを，当該プロジェクトのキャッシュフローから差し引かねばならない．そこで分析の第三段階として，こうした共食い現象（cannibalization）をどのように考慮するかをみる．

アメリカへの輸出売上に関する単位当たり税引後増分キャッシュフローは，20X0年において180ドル（同年の予測為替レートを用いて換算すると18,000円）である．この金額はインフレーションの影響を受けるので，その名目額は年

5％ずつ増加する．輸出売上は100％喪失し，それが計画期間の5年間続くものとする．親会社の名目資本コストを10％とすれば，輸出売上の喪失に関連するキャッシュフローの現在価値は，図表5-9の項目番号4から148.4百万円と計算される．

図表5-9　輸出売上の喪失によるキャッシュフロー

	20X1	20X2	20X3	20X4	20X5
1. 喪失する販売数量（千個）	2	2	2	2	2
2. 単位当たりキャッシュフロー（ドル）	189	198	208	219	230
3. 単位当たりキャッシュフロー　　　　　（百円，2×5）	185	190	196	203	209
4. キャッシュフロー総額（百万円，1×3）	37	38	39	41	42
5. 為替レート（円）	98.1	96.2	94.4	92.6	90.8

前ページの図表5-8から，共食い現象が生じないと仮定した場合，この海外投資プロジェクトは棄却すべきであるという判定を得た．図表5-9が示すように，共食い現象が生じれば，親会社の立場から評価した海外投資プロジェクトの収益性はさらに低下する．

§3　国際資本予算における理論と実務

本節では，われわれが行った実態調査の結果にもとづいて国際資本予算の実務を記述し，この分野における「理論と実務の乖離」を明らかにする．

3.1　実態調査の概要

第1章の第3節で述べたように，われわれは，2004年2月に，わが国の一部上場企業（建設業，金融業，不動産業を除く）523社の国際部門の責任者に個人名宛で質問票を送付した．そして，2004年4月までに74社（部分回答企業を含む，回収率14.1％）から回答を得た．冒頭で指摘したように，海外投資プロジェクトの採否決定に関する研究は，主として国際資本予算の分野において行

われてきた．1960年代以降，Shapiro, A. C. や Eiteman, D. K. らによってその理論的な整備が図られ，彼らの研究成果は，米国で版を重ねている代表的な教科書に記載されている．

これらの教科書によると，海外投資プロジェクトの採否決定では，国内資本予算（domestic capital budgeting）の実務にはみられない特殊な要因がからんでくるため，特別な指針が必要になる．ところが，われわれの調査から，わが国の多国籍企業のほとんどはこうした指針を無視しており，国際資本予算の実務が誤った方法で行われていることが判明した．

われわれが調査した項目は大きく分けて二つある．一つは，海外投資プロジェクトのリスク処理に関する実務である．この項目に関する調査結果は，本節第2項に記述する．いま一つの調査項目は，海外投資プロジェクトの評価方法に関する実務である．この項目に関する調査結果は，本節第3項に記述する．

3.2 海外投資プロジェクトのリスク処理

国内資本予算を記述している教科書は，投資プロジェクトのリスク処理に関して，次のような方法をおおむね推奨する．それは，リスクの大小によってプロジェクトを分類し，リスクの大きいプロジェクトほど高い必要利益率を使用するという方法である[7]．例えば，Kolb and DeMong (1988) は，次ページの図表5-10のようなプロジェクトのタイプによる必要利益率の設定例を示している．

このような国内資本予算で用いられているリスク処理の考え方を，そのまま国際資本予算に適用すれば，次のことがいえるかもしれない．すなわち，海外投資プロジェクトのリスクは総じて高いと考えられるので，これらのプロジェクトには高い必要利益率を使用する必要がある．事実，われわれの調査では，提案されたプロジェクトが単に海外投資プロジェクトというだけで，それを無条件にもっとも高いリスク・クラスに分類している企業は，回答企業69社中，32社（46.4％）も存在した．

しかしながら，Shapiro (1983) は，次に述べるこれとはまったく反対の見解

図表5-10 投資プロジェクトのタイプによる必要利益率の設定

投資プロジェクトのタイプ	リスク	必要利益率
1. 既存設備の修繕	非常に低い	9%
2. 既存設備の取り替え	低い	10
3. 既存製品の，既存生産設備の拡大	やや低い	12
4. 既存製品の，改良技術を用いた生産設備の新設	平均的	13
5. 既存製品の，新技術を用いた生産設備の新設	わずかに高い	15
6. 新製品の，既存技術を用いた生産設備の新設	少し高い	17
7. 新製品の，新技術を用いた生産設備の新設	高い	20
8. 新技術，新製品の開発	非常に高い	25
9. 新技術，新製品，新市場の開発	もっとも高い	30

(出所) Kolb and DeMong, 1988, p. 300

を示している．確かに海外投資プロジェクトを単独で取り出せば，プロジェクトの性質から考えてリスクが高いといえそうである．しかしその反面，海外投資プロジェクトに関して，それをほかのプロジェクトと組み合わせることで，自社の投資ポートフォリオ全体のリスクを低下させることができる．例えば，現在稼動中の国内プロジェクトのキャッシュフローと，新たに提案された海外投資プロジェクトのキャッシュフローがまったく逆の動きを示すような場合である．要するに，両者のプロジェクトのキャッシュフローが逆相関の関係にあれば，たとえ海外投資プロジェクトの単独でのリスクは高いとしても，このプロジェクトを採用することで，両者のプロジェクトを組み合わせた投資ポートフォリオ全体のリスクを低下させることができる．

以上に述べたポートフォリオ理論の基本的な考え方にもとづけば，「プロジェクトを適切に組み合わせた投資ポートフォリオとの関連において，個々のプロジェクトを評価すべきである」という指針を得る．それゆえ，個々のプロジェクトを取り出して独立に考えることはできないのである．

われわれの調査によれば，「海外投資プロジェクトの採否決定を行うとき，ポートフォリオ理論（portfolio theory）を利用しているか」という質問に対して，回答企業69社中，23社（33.3％）が利用していると回答した．また，アメリカにおける同様の調査によると，フォーチュン誌ランキング500社を対象と

したGilbert and Reichert (1995) の調査では利用率43%，多国籍企業146社を対象としたBlock (2000) の調査では同48.9%である．

　以上のことから，海外投資プロジェクトのリスク処理にさいして，ポートフォリオ理論を利用している企業は日米ともにまだまだ少なく，国際資本予算の指針が実務で受け入れられているとはいいがたい．とりわけ，わが国においては，前述したように，海外投資プロジェクトというだけで，それを無条件でもっとも高いリスク・クラスに分類するという不適切な実務が約半数の企業で行われている．その理由については，次節で考察することにしよう．

3.3　海外投資プロジェクトの評価方法

　周知のように，企業が国内プロジェクトを評価するとき，いろいろな投資評価技法が用いられる．国内資本予算の理論に従えば，貨幣の時間価値（time value of money）を考慮する割引キャッシュフロー法（discounted cash flow method, DCF法）は，それを考慮しない非DCF法より優れた技法である．また，DCF法のなかでは，とりわけ正味現在価値法（net present value method, NPV法）に理論的な優位性が認められる[8]．

　企業がこのようなDCF法を利用する場合，ハードル・レート（hurdle rate）またはカットオフ・レート（cut-off rate）としての役目を担う必要利益率を測定しなければならない．一般に企業は，長期的に各種の資金源泉からバランスよく必要資金を調達していると考えられるので，必要利益率として加重平均資本コスト率（weighted average cost of capital, WACC）を用いるのが望ましい[9]．

　国際資本予算のコンテクストにおいても，基本的には，NPV法や内部利益率法（internal rate of return method, IRR法）といったDCF法を用いることが推奨される．しかしそのさい，国際環境を考慮したうえで，プロジェクトのキャッシュフローと必要利益率をそれぞれどのように測定すべきか，という問題が生じる．ここでは，これら二つの測定問題にかかわる指針を順にみていこう．

(1) キャッシュフローの測定問題

キャッシュフローの測定問題とは,「海外投資プロジェクトが生み出すキャッシュフローを,海外の子会社で発生するキャッシュフローで把握するか,または本国の親会社に送金されるキャッシュフローで把握するか」という問題である.この問題に対する指針は,「親会社への送金基準でキャッシュフローを把握すべきである」となる[10].したがって,前節で提示した日本工業の事例では,親会社の立場からの評価が実施されるべきである.その理由は,子会社に生じる資金は親会社に送金されてはじめて親会社にとって利益となることである.その意味では,資金封鎖(blocked funds)などの理由により,投下資金の回収の見込みがまったく立たない海外投資プロジェクトの価値は,親会社にとってゼロといわざるを得ない.

それでは,キャッシュフローの測定に関する前記の指針が実務においてどの程度受け入れられているかをみてみよう.われわれの調査では,回答企業55社中,子会社基準でキャッシュフローの計算をしている企業は実に44社(80.0％)にのぼった.Block (2000) によるアメリカでの同様の調査によれば,回答企業の60.7％が子会社基準でキャッシュフローの計算を行っている.日米ともに規範的な見地からは,こうした実務は決して満足のいくものではない.親会社基準の計算が採用されない理由に関しては,次節で考察する.

(2) 必要利益率の測定問題

次に,必要利益率の測定問題に移ろう.必要利益率の測定問題とは,① 必要利益率として源泉別資本コストを用いるか,またはWACCを用いるか,② 親会社の必要利益率を用いるか,または子会社の必要利益率を用いるかという問題である.前記①に関しては,国内資本予算と同様に,WACCの利用が推奨される.また,前記②に関しては,前項で述べたように,キャッシュフローが親会社への送金基準で測定されるとすれば,親会社の必要利益率を用いるのが望ましい.これは前節の日本工業の事例でみたとおりである.

それでは,必要利益率の測定に関するこれらの指針が実務においてどの程度受け入れられているかをみてみよう.上で述べたように,DCF法の使用企業

においては必要利益率の測定を必要とする．われわれの調査では，DCF法の使用企業は，回答企業70社中，24社（34.3％）である[11]．この24社のうち，必要利益率の測定方法について回答した企業は23社で，そのうちWACCを使用している企業は19社であった（WACC以外の方法との併用を含む）．また，前記の19社のうち，もっとも望ましい親会社のWACCを利用している企業は11社であった．親会社のWACCを使用しているという回答をした企業は11社（47.8％）にとどまっており，この点についても，規範的な見地からは，決して満足のいくものとはいえないだろう．

§4 理論と実務の乖離に関する考察

ここでは，理論と実務の乖離に関する考察を行う．まず，前節で得られた「海外投資プロジェクトのリスク処理」に関する調査結果の考察からはじめよう．一般に，企業が海外に進出し，現地に子会社を設立したうえで製造・販売活動を行う目的はいくつか考えられる．その一つは，こうした海外直接投資を行うことによって国際分散投資を実現し，企業全体のリスクを低減させることである．

国際分散投資によるリスク低減を重視するのであれば，その効果を数量的に把握できるポートフォリオ・モデルを設計・運用する意義は極めて高いといえる．しかしながら，前節でみた日米の調査によると，海外投資プロジェクトのリスク処理にさいして，ポートフォリオ理論を利用している多国籍企業は，日米ともにそれほど多くない（われわれの調査では回答企業の33.3％，Blockの調査では回答企業の48.9％）．

その理由として，第一に，ポートフォリオ理論が非常に難解で，それほど深い知識をもたない経営管理者にとって，ポートフォリオ・モデルの構造や意味を理解するのが困難であることがあげられる．そして第二の理由は，ポートフォリオ・モデルの運用にさいして，非常に多くの入力データが必要となることである．例えば，個々のプロジェクトのリターンの平均，分散，および任意

のプロジェクト間のリターンの共分散などのデータが必要である．このため，モデルを設計し，運用するための労力と手間は相当なものと考えられる．こうした労力や手間に見合うだけの効果が得られないと，経営管理者は判断しているのかもしれない．

次に，前節で得られた「海外投資プロジェクトの評価方法」に関する調査結果の考察に移ろう．規範的な見地からは，「親会社に送金されるキャッシュフロー」と「親会社のWACC」を用いて海外投資プロジェクトを評価することが求められる（これは，第2節の日本工業の事例でみたとおりである）．前者について推奨される方法を採用している多国籍企業は14.5%（回答企業55社中8社，ただし，ほかの方法との併用を含む），後者について推奨される方法を採用している多国籍企業は47.8%（回答企業23社中11社，ただし，ほかの方法との併用を含む）であった．

また，親会社のWACCを使用している企業11社に関して，親会社基準でキャッシュフローを測定している企業の数を調べると，わずか2社であった．すなわち，国際資本予算において，規範的な指針とされる「親会社に送金されるキャッシュフローを親会社のWACCで割り引く」という手続を採用している多国籍企業は，われわれの調査では，わずか2社しか存在しないのである．

これはどういう理由によるのだろうか．その最大の理由は，もともとDCF法を使用している企業が少ないことにある．国際資本予算の指針では，親会社のWACCを測定するのが望ましいが，そもそもDCF法を使用していないので，大半の企業は，WACC自体を計算する必要がないのである．

さらに，親会社基準でキャッシュフローが測定されない理由として次の二つをあげることができる．第一に，子会社にある程度の自由裁量権が認められており，子会社の視点を重視した海外投資プロジェクトの評価が行われていることである[12]．そして第二に，親会社基準のキャッシュフローの計算を行うとき，外国為替や外国・自国間の租税制度などの影響を強く受けることである．これらの影響を的確に考慮し，それを分析に織り込むのは相当に厄介である．このため，子会社基準でのキャッシュフローの測定が行われている可能性がある．

§5 おわりに

　本稿では，日本管理会計学会多国籍企業研究委員会が2004年2月に実施した多国籍企業の実態調査の結果にもとづいて，国際資本予算における「理論と実務の乖離」を明らかにした．それは，次のようなものである．
① 多国籍企業が海外直接投資を行う目的の一つに，分散投資によるリスク低減がある．こうしたリスク低減効果を数量的に捉えるためにポートフォリオ理論を利用することができる．国際資本予算の指針では，この理論の利用を推奨しているにもかかわらず，われわれの調査では，海外投資プロジェクトの採否決定にさいして，ポートフォリオ・モデルを設計・運用している企業はそれほど多くない．
② 海外投資プロジェクトの評価では，第2節の事例でみたように，「親会社に送金されるキャッシュフローを親会社のWACCで割り引く」ことが推奨される．この指針を実践している企業は，ごく少数である．

　国際資本予算において，上で述べた理論と実務の乖離が生じているために，合理的な海外投資プロジェクトの採否決定が阻害されている可能性が高い．そこで第4節では，なぜ，これらの乖離が生じているかについて若干の考察を加えた．しかしながら，これらの考察はあくまでも筆者の仮説にすぎない．今後は，われわれの調査で明らかになった「理論と実務の乖離」に関する原因分析をさらにすすめていく必要があろう．

注

1) 例えば，Shapiro (2002, 2003)，Eiteman, et al. (2004) である．なお，和書では，新井他 (1999)，杉山 (2002)，宮本 (2003)，久保田 (2005) に詳しく記述されている．
2) 井上 (1995, pp. 87-88) によれば，海外直接投資の資本予算は，国内投資のそれと比べると，12項目にものぼる独自の差異点が存在し，それが海外投資プロジェクトの採否決定を複雑にしているという．

3) 「親会社の立場からの評価」と「海外子会社の立場からの評価」を独立に行うべきであるという主張は Stonehill and Nathanson (1968) によって展開され，その後，国際資本予算の理論の一つとして定着した．
4) 詳しくは，岡本 (2000, p. 769) を参照されたい．
5) 次式により，20Xt 年（t=1, 2, 3, 4, 5）の為替レートを計算することができる．

   20Xt 年の為替レート＝$100.0 \times [(1+0.03)^t / (1+0.05)^t]$

6) この事例では，親会社への配当に関して，アメリカにおいてすでに税率35％の法人税が課されており，さらに配当送金額の4％の源泉徴収が行われる．こうした場合，国際間二重課税を避ける目的で，これらの外国税額を自国の税金から控除できる．これが外国税額控除である．
7) この方法以外のリスク処理技法として，感度分析（sensitivity analysis），シナリオ分析（scenario analysis），モンテカルロ・シミュレーション（Monte Carlo simulation）などがある．これらの分析的技法は，本文で述べた方法よりもはるかに複雑な技法である．こうした複雑さのために，資本予算の実務においてこれらの技法は，それほど広範に利用されていないようである．詳しくは，杉山（2002，第7章）を参照してほしい．
8) 詳しくは，杉山（2002，第2章）を参照してほしい．
9) 詳しくは，杉山（2002，第6章）を参照してほしい．
10) 例えば，Shapiro (1983) を参照してほしい．
11) アメリカはもちろんのことわが国においても，ファイナンスや管理会計の教科書では DCF 法が投資評価技法として優れた技法であることが強調されている．それにもかかわらず，非 DCF 法のほうがはるかに多く利用されていることになる．この理由については，杉山（2002，第2章）を参照されたい．
12) 子会社の自立性とキャッシュフローの関係については，籏本（1997）を参照されたい．

参 考 文 献

Block, S., 2000, "Integrating Traditional Capital Budgeting Concepts into an International Decision-Making Environment," *The Engineering Economist* 45 (4): 309-325.

Eiteman, D. K., et al., 2004, *Multinational Business Finance (10th Ed.)*, Addison-Wesley.

Gilbert, E. and A. Reichert, 1995, "The Practice of Financial Management Among

Large United States Corporations," *Financial Practices and Educations* 5 (5): 18-23.

Kolb, B. A. and R. F. DeMong, 1988, *Principles of Financial Management* (2nd Ed.), Business Publications.

Shapiro, A. C., 1983, "International Capital Budgeting," *Midland Journal of Corporate Finance* 24 (3): 449-464.

Shapiro, A. C., 2002, *Foundations for Multinational Financial Management* (4th Ed.), John Wiley & Sons.

Shapiro, A. C., 2003, *Multinational Financial Management* (7th Ed.), John Wiley & Sons.

Stonehill, A. and L. Nathanson, 1968, "Capital Budgeting and the Multinational Corporation," *California Management Review* 10 (4): 39-54.

新井富雄・渡辺 茂・太田智之, 1999, 『資本市場とコーポレート・ファイナンス』, 中央経済社.

井上康男, 1995, 『国際直接投資の資本予算』, 白桃書房.

伊藤和憲, 2004, 『グローバル管理会計』, 同文舘出版.

上埜 進・杉山善浩・島 吉伸・窪田祐一・吉田栄介, 2005, 『管理会計の基礎──理論と実践──』, 税務経理協会.

岡本 清, 2000, 『原価計算 6訂版』, 国元書房.

久保田政純, 2005, 『設備投資計画の立て方 第4版』, 日本経済新聞社.

杉山善浩, 1994, 「多国籍企業の海外直接投資に関するモデル分析」, 『産業経理』54 (1): 119-127.

杉山善浩, 1994, 「国際資本予算におけるモデル分析──モンテカルロ・シミュレーションを中心にして──」, 『会計』146 (3): 71-83.

杉山善浩, 2002, 『投資効率を高める資本予算』, 中央経済社.

中川 優, 2004, 『管理会計のグローバル化』, 森山書店.

簗本智之, 1997, 「外国投資の意思決定──もう一つの資本予算領域──」, 『原価計算研究』21 (2): 66-72.

宮本寛爾, 2003, 『グローバル企業の管理会計』, 中央経済社.

多国籍企業における管理会計実態調査

○ 本調査の目的

本調査は，多国籍企業が持続的な競争力を維持するために管理会計がどのような役割を果たしているかについて，責任ある経営管理者の方々に直近の取り組みをお尋ねするものです．

○ 本調査について
1. 本調査は，日本管理会計学会の専門委員会の一つである「多国籍企業における管理会計の実態調査」委員会（甲南大学，神戸商科大学，大阪大学，大阪国際大学のメンバーが参画）が，学術調査を目的に実施します．
2. ご回答いただいた内容は，すべて統計的に処理します．個別の回答が外部に出されることは一切ございませんので，安心してご回答ください．
3. ご回答頂いた方には，後日，調査結果を電子メールにてお送り致します．アンケート用紙の回答者欄に電子メールアドレスをお忘れなくご記入ください．
4. ご多忙中，誠に恐れ入りますが，調査スケジュールの都合上，2004年2月29日までにご返送下さいますようお願い致します．

○ アンケートの回答方法について
1. 本調査表の構成は，下記の通りとなっています．
   I   貴社の概要，貴社における海外子会社と親会社の関係について
   II 貴社における海外直接投資について
   III 貴社における国際移転価格の設定について
   IV 貴社における業績評価について
   V   貴社におけるIT投資について
   VI 貴社の国際化・多国籍化の程度について
2. アンケートは，全部で10頁あります．質問の多くは，1．2．3．4．5の数字に○をつけていただくか，□にチェックしていただくかのいずれかで，大変簡単なものになっております．
3. ご回答しにくいものや，ご判断の難しいものについては，貴社の実態なり，お考えなりをお差し支えない範囲で余白にご記入下さい．
4. 本調査のとりまとめは，甲南大学経営学部上埜研究室，長坂研究室（658-8501 神戸市東灘区岡本8-9-1）が行います．アンケート内容等についてのご質問がございましたら，ueno@konan-u.ac.jp または nagasaka@konan-u.ac.jp もしくは電話：078-435-2454（長坂）までご連絡ください．

回答者データ

貴社名 _____

ご氏名 _____

ご所属 _____ 役職名 _____

直通電話番号 _____

E-mail アドレス _____

I. 貴社における海外子会社と親会社の関係についてお尋ねします．

1. 海外子会社経営では購買ノウハウ，製造技術，物流方法，マーケティング手法，経営ノウハウなど様々な知識が必要です．これらの中，日本の親会社から移転される割合はどの程度ですか．下記の尺度を参考に，各セル（四角の中）の該当する数字に○印をつけて下さい．

	親会社からきているものはまったくない	一部が親会社から	半分程度が親会社から	相当の部分が親会社から	必要知識のほぼ全部が親会社からきている
	1	2	3	4	5

	購買関連知識	製造関連知識	物流関連知識	マーケティング知識	経営, 管理知識
アジア子会社	1 2 3 4 5	1 2 3 4 5	1 2 3 4 5	1 2 3 4 5	1 2 3 4 5
北米子会社	1 2 3 4 5	1 2 3 4 5	1 2 3 4 5	1 2 3 4 5	1 2 3 4 5
欧州子会社	1 2 3 4 5	1 2 3 4 5	1 2 3 4 5	1 2 3 4 5	1 2 3 4 5
（　　）会社	1 2 3 4 5	1 2 3 4 5	1 2 3 4 5	1 2 3 4 5	1 2 3 4 5

2. 海外現地法人への権限委譲の程度をお尋ねします．経営戦略の策定（新工場や販売拠点の新設，新事業の立ち上げなど）および管理的，業務的意思決定（年次予算の編成，原価管理など）に関して，下記の尺度を参考に，各セル（四角の中）の該当する数字に○をつけて下さい．

	すべて現地に権限がある	一部が親会社に権限	半分程度が親会社	相当の部分が親会社	ほぼ全部が親会社の権限
	1	2	3	4	5

	戦略的意思決定権限	管理的, 業務的意思決定権限
アジア子会社	1　2　3　4　5	1　2　3　4　5
北米子会社	1　2　3　4　5	1　2　3　4　5
欧州子会社	1　2　3　4　5	1　2　3　4　5
（　　）会社	1　2　3　4　5	1　2　3　4　5

Ⅱ．貴社における海外直接投資についてお尋ねします．

1. 実施を検討している海外プロジェクト案が，既存プロジェクト（現在，稼動中の海外および国内のプロジェクト）に与える影響についてどのように配慮しますか．該当する数字に○をつけて下さい．
    1　既存の複数のプロジェクトとの相互関係を比較・評価するなど，全社的に最適な事業構成を実現するために，ポートフォリオ理論を活用して新規海外プロジェクト案の採否を決定する．
    2　新規海外プロジェクト案の採否は，ポートフォリオ理論を用いずに，主観的に既存プロジェクトへの影響を測定し，決定する．
    3　新規海外プロジェクト案の採否の決定に当たり，既存プロジェクトへの影響を全く考慮しない．

2. 海外プロジェクト案のリスク（政治リスク，ビジネス・リスクなどすべてのリスクを含んだ総リスク）をどのように評価しますか．該当する数字に○をつけてください．
    1　無条件で最も高いリスク・クラスに位置づける．
    2　場合によっては，国内プロジェクトよりもリスクを低く見積もることもある．
    3　海外プロジェクトのリスク評価は行っていない．

3. 海外プロジェクト案の採否決定の際に，割引キャッシュ・フロー法（正味現在価値法，内部収益率法などの投資評価技法）を使用していますか．該当する数字に○をつけてください．
    1　使用している．（→質問4に進む）
    2　使用していない．（→質問5に進む）

4. 質問3で1に○をつけた方にお伺いします．海外プロジェクト案の採否決定において割引キャッシュ・フロー法を使用するとき，資本コストを算定する必要があります．資本コストとして何を使用していますか．該当する数字に○をつけてください．
    1　親会社の加重平均資本コスト（有利子負債コストと株主資本コストの加重平均）
    2　子会社の加重平均資本コスト（有利子負債コストと株主資本コストの加重平均）
    3　親会社の有利子負債コスト
    4　子会社の有利子負債コスト
    5　（1　2　3　4）の複数を用いている
    6　その他のもの（→下の括弧内に具体的に記入してください）
    （　　　　　　　　　　　　　　　　　　　　　　　　　）

5. 海外プロジェクト案を評価する際に，見積もりキャッシュ・フロー（または見積もり利益）はどのような基準で推定しますか．該当する数字に○をつけてください．
    1　子会社で発生するキャッシュ・フロー（または利益）を推定
    2　親会社に送金されるキャッシュ・フロー（または利益）を推定
    3　その他の基準（→下の括弧内に具体的に記入してください）
    （　　　　　　　　　　　　　　　　　　　　　　　　　）

Ⅲ．貴社における国際移転価格の設定について伺います

1. 親会社（日本）―子会社（海外）間において国際移転価格を利用されていますか．該当する数字に○をつけてください．
   1　はい（質問2に進む）
   2　いいえ（質問Ⅴに進む）

2. どのような方法によって，国際移転価格を設定していますか．次のうち最もよく該当するものを一つ選び，数字に○をつけてください．
   1　親会社が決定
   2　親会社主導だが子会社にも一定の権限（拒否権など）がある
   3　親子会社間の交渉
   4　子会社主導だが親会社にも一定の権限（拒否権など）がある
   5　子会社が決定
   6　製品により異なり，（1　2　3　4　5）の複数を用いている

3. 在外製造子会社に部品（中間製品）等を振り替える場合の国際移転価格は，次のうちどれに該当しますか．次のうち最もよく該当するものを一つ選び，数字に○をつけてください．

総原価	販管費	
	総製造原価（全部原価）	製造固定原価（固定原価）
		製造変動原価（変動原価）

   1　市場価格（市場価格を修正した価格を含む）
   2　総原価（総製造原価に販管費を加算）
   3　総製造原価（全部原価）
   4　製造変動原価（変動原価）
   5　原価加算利益（総製造原価に当該業務の通常の利益を加算）
   6　原価加算利益（総製造原価に当該業務の通常の利益より大きな利益を加算）
   7　原価加算利益（総製造原価に当該業務の通常の利益より低い利益を加算）
   8　二重価格（本社と子会社で異なる価格を利用）
   9　数理計画法により求めた価格
   10　取扱い製品や子会社により異なり，（1　2　3　4　5　6　7　8　9）といった複数の方法を使用
   11　その他（　　　　　　　　　　　　　　　）

4. 在外販売子会社に完成品を振り替える場合の国際移転価格は，次のうちどれに該当しますか．次のうち最もよく該当するものを一つ選び，数字に○をつけてください．
    1　市場価格（市場価格を修正した価格を含む）
    2　総原価（総製造原価に販管費を加算）
    3　総製造原価（全部原価）
    4　製造変動原価（変動原価）
    5　原価加算利益（総原価に当該業務の通常の利益を加算）
    6　原価加算利益（総原価に当該業務の通常の利益より大きな利益を加算）
    7　原価加算利益（総原価に当該業務の通常の利益より低い利益を加算）
    8　二重価格（本社と子会社で異なる価格を利用）
    9　数理計画法により求めた価格
    10　取扱い製品や子会社により異なり，（1　2　3　4　5　6　7　8　9）といった複数の方法を使用
    11　その他（　　　　　　　　　　　）

5. 国際移転価格を設定する際に，どのような要因に配慮していますか．下記の尺度を参考に，該当する数字に○印をつけて下さい．

	極めて重要	かなり重要	普通	あまり重要でない	関係ない
	1	2	3	4	5
1　全社利益の最大化	1	2	3	4	5
2　各国間の税制の相違の活用	1	2	3	4	5
3　利益・配当の本国送金の制限	1	2	3	4	5
4　各国の税法その他諸法令に従うこと	1	2	3	4	5
5　進出国政府との良好な関係の維持	1	2	3	4	5
6　海外子会社の資金繰り	1	2	3	4	5
7　海外子会社の競争力確保	1	2	3	4	5
8　海外子会社の業績評価	1	2	3	4	5
9　移転価格の設定方法の簡便性	1	2	3	4	5

Ⅳ. 貴社における業績評価についてお尋ねします

1. 在外子会社（製造子会社および販売子会社）の内部管理で以下の指標をどの程度重視していますか．下記の尺度を参考に，該当する数字に○印をおつけ下さい．

```
極めて重視        かなり                         あまり
している         重視する        普通         重視しない        関係ない
   1              2             3              4              5
```

財務の視点の指標	製造子会社					販売子会社				
売上高成長率	1	2	3	4	5	1	2	3	4	5
経常利益成長率	1	2	3	4	5	1	2	3	4	5
投資利益率（ROI）	1	2	3	4	5	1	2	3	4	5
EVA（経済付加価値）	1	2	3	4	5	1	2	3	4	5
企業価値	1	2	3	4	5	1	2	3	4	5

※企業価値とは，株主価値（株式時価額）と負債価値（負債時価額）の合計額，すなわち，企業の市場価値のことである．これは，フリー・キャッシュフローの現在価値とも，あるいは，企業が創出した市場付加価値（MVA）と投下資本簿価の合計額とも言える．

※「企業間信用による資本」を控除した有利子負債の時価と株主資本の時価（株主価値）との合計額を投下資本と定義し，有利子負債コストと株主資本コストの加重平均コストを資本コストと定義するならば，EVA（経済付加価値）は次式で表せる．

$$EVA^R = キャッシュフロー・ベースの税引後営業利益 - (投下資本 \times 資本コスト)$$

顧客の視点の指標	製造子会社					販売子会社				
顧客からのクレーム発生件数	1	2	3	4	5	1	2	3	4	5
顧客定着率	1	2	3	4	5	1	2	3	4	5
顧客のリピート購買率	1	2	3	4	5	1	2	3	4	5
顧客当たりの年間売上高	1	2	3	4	5	1	2	3	4	5

内部業務プロセスの視点の指標	製造子会社					販売子会社				
新製品開発期間	1	2	3	4	5	1	2	3	4	5
生産リードタイム	1	2	3	4	5	1	2	3	4	5
納期充足率	1	2	3	4	5	1	2	3	4	5
歩留り率	1	2	3	4	5	1	2	3	4	5
製品単位当たり製造原価	1	2	3	4	5	1	2	3	4	5

学習と成長の視点の指標	製造子会社					販売子会社				
離職率	1	2	3	4	5	1	2	3	4	5
従業員1人あたり研修期間	1	2	3	4	5	1	2	3	4	5
資格保有率	1	2	3	4	5	1	2	3	4	5
クロスライセンス成約数	1	2	3	4	5	1	2	3	4	5
全製品に占める新製品比率	1	2	3	4	5	1	2	3	4	5

※クロスライセンスとは，特許の権利者間で互いの特許権を供与することである．

2. トップ・マネジメントが表明する経営のビジョン，ミッション，企業戦略を所与として，組織の戦略目標の実現に導く成功要因の目標値，および成果を測定する業績評価指標の目標値を，有機的に設定して目標管理を行うツールに BSC（Balanced Scorecard，バランスト・スコアカード）があります．Kaplan=Norton が1990年代に提唱した BSC の基本モデルは下図の通りで，財務の視点，顧客の視点，内部業務プロセスの視点，学習と成長の視点という4つの視点を用いており，各視点の中に目標管理のための指標を提案しております．

図　BSC の視点―基本モデル―

2－1　本社で BSC をいつから導入していますか．該当する数字に○印をつけて（　）内に記入ください．
　　　1　既に（　　）年から導入している．
　　　2　（　　）年から導入する予定である．
　　　3　導入する意向はない．

2－2　海外子会社で BSC を導入する場合の障害になるのは次のどれでしょうか？該当する数字に○印をつけてください（複数回答可）．
　　　1　本社でも BSC を導入した経験がない．
　　　2　既に BSC に類似する方法を用いている．
　　　3　現地法人の管理者に BSC を運用できる人材がいない．
　　　4　現地法人の従業員が BSC による目標管理に馴染まない．

V. 貴社における IT（information technologies，情報技術）投資についてお尋ねします．

1. IT 利用は各業務でどのように進めておられますか？　利用しておられるシステムの種類について該当する数字に○をつけてください．ここでは，業務ごとにどのような情報システムを利用されているかについてお尋ねしています．

   ※ERP（Enterprise Resource Planning）は，次の質問にあるような市販の統合情報システムのことです．個別業務パッケージとは，生産管理や販売管理，人事管理，会計など個別業務用に市販されているソフトウェアを意味します．

   1　自社独自開発システム　2　個別業務用パッケージ　3　ERP　4　その他

	財務会計	管理会計	生産管理	販売管理	給与管理 (人事管理)
国　　内	1 2 3 4	1 2 3 4	1 2 3 4	1 2 3 4	1 2 3 4
アジア子会社	1 2 3 4	1 2 3 4	1 2 3 4	1 2 3 4	1 2 3 4
北米子会社	1 2 3 4	1 2 3 4	1 2 3 4	1 2 3 4	1 2 3 4
欧州子会社	1 2 3 4	1 2 3 4	1 2 3 4	1 2 3 4	1 2 3 4
(　　　) 会社	1 2 3 4	1 2 3 4	1 2 3 4	1 2 3 4	1 2 3 4

2. ERP が導入されている場合にお尋ねします．

   2－1　ERP の名称はいずれでしょうか．
   　　1　SAP/R3　2　BAAN　3　Oracle　4　One World　5　その他（　　　　）

   2－2　初回導入時期はいつ頃でしょうか．
   　　（　　　　）年

   2－3　導入の目的を下記の項目から3つ選び，優先度の高い順に1から3まで番号を入れてください．

   　　（　　）業務の効率化，コストダウン
   　　（　　）経営指標の迅速かつ正確な情報収集
   　　（　　）グローバル対応
   　　（　　）顧客満足度の向上
   　　（　　）管理レベルの向上
   　　（　　）情報システム関連コストの削減
   　　（　　）最新の IT 技術活用
   　　（　　）2000年問題への対応
   　　（　　）組織改革
   　　（　　）BPR（ビジネス・プロセスの刷新）
   　　（　　）SCM（サプライチェーン・マネジメント）の実現

多国籍企業における管理会計実態調査　131

2－4　マネジメント・コントロール（予算管理，利益実績管理など）やオペレーショナル・コントロール（納期，品質，在庫，原価等の管理）に **ERP** または **IT** を利用されていますか？　下記の尺度を参考に，該当する数字に○印をおつけ下さい．

すべてERPで 管理している	一部はERP 以外で管理	半分程度が ERPで管理	相当の部分が 他のITで管理	管理業務に ITは利用し ていない
1	2	3	4	5

	マネジメント・ コントロール	オペレーショナル・ コントロール
国　　内	1　2　3　4　5	1　2　3　4　5
アジア子会社	1　2　3　4　5	1　2　3　4　5
北米子会社	1　2　3　4　5	1　2　3　4　5
欧州子会社	1　2　3　4　5	1　2　3　4　5
（　　　）会社	1　2　3　4　5	1　2　3　4　5

2－5　海外子会社の **IT** 化推進体制についてお尋ねします．下記の尺度を参考に，該当する数字に○印をおつけ下さい．

すべて現地法 人で独自に推 進している	一部を除き現 地法人で推進	半分程度が現 地法人で	相当の部分が 本社で	ほぼ全部が本 社で
1	2	3	4	5

	財務会計	管理会計	生産管理	販売管理	給与管理 （人事管理）
国　　内	1 2 3 4 5	1 2 3 4 5	1 2 3 4 5	1 2 3 4 5	1 2 3 4 5
アジア子会社	1 2 3 4 5	1 2 3 4 5	1 2 3 4 5	1 2 3 4 5	1 2 3 4 5
北米子会社	1 2 3 4 5	1 2 3 4 5	1 2 3 4 5	1 2 3 4 5	1 2 3 4 5
欧州子会社	1 2 3 4 5	1 2 3 4 5	1 2 3 4 5	1 2 3 4 5	1 2 3 4 5
（　　）会社	1 2 3 4 5	1 2 3 4 5	1 2 3 4 5	1 2 3 4 5	1 2 3 4 5

3．**IT** 投資の問題点についてお尋ねします．
3－1　導入時の問題点を下記の項目から選び，重要性の高い順に1から番号を入れてください．
　　　（　　）投資金額の決定が難しい
　　　（　　）投資時期の決定が難しい
　　　（　　）システム構築に時間がかかりすぎる
　　　（　　）ベンダーの選定が難しい
　　　（　　）IT 革新のスピードが早く，技術の把握が困難
　　　（　　）IT 戦略を統括できる人材が不足している
　　　（　　）海外子会社の IT 化については，現地の事情があり親会社で導入の意思決定を行うことが困難である

3—2 導入後の問題点を下記の項目から複数選び,重要性の高い順に1から番号を入れてください.
　　　　（　　）効果の把握が困難である
　　　　（　　）予想通りの効果が現れない
　　　　（　　）ITトラブルが多い
　　　　（　　）セキュリティが問題
　　　　（　　）保守,維持費が高い
　　　　（　　）システムの改善,継続的改良が難しい
　　　　（　　）陳腐化が早い
　　　　（　　）海外子会社と国内でIT推進の度合が異なる
4. 今後のIT投資についてお尋ねします.該当する数字に1つ丸印をしてください.
　4—1　今年度のIT投資は過去1～2年と比較して
　　　　1 大幅に増える　2 まあ増える　3 同じくらい　4 少し減る　5 大幅に減る
　4—2　来年度以降のIT投資は今年度と比較して
　　　　1 大幅に増える　2 まあ増える　3 同じくらい　4 少し減る　5 大幅に減る

Ⅵ. 貴社の国際化・多国籍化の程度についてお尋ねします（可能な範囲でお答えください）.
1. 所在地別の子会社数はどのようになっていますか.
　　国　内（　　）社　アジア（　　）社　北米（　　）社　欧州（　　）社
　　その他（　　）地域（　　）社
2. 連結売上高を地域別にブレークダウンするとどうなりますか.
　　国　内（　　）％　アジア（　　）％　北米（　　）％　欧州（　　）％
　　その他（　　）地域（　　）％
3. 連結資産の所在地別の分布はどうなっていますか.
　　国　内（　　）％　アジア（　　）％　北米（　　）％　欧州（　　）％
　　その他（　　）地域（　　）％
4. 従業員の地域別分布はどうなっていますか.
　　国　内（　　）％　アジア（　　）％　北米（　　）％　欧州（　　）％
　　その他（　　）地域（　　）％
5. 株主の地域別分布はどうなっていますか.
　　国　内（　　）％　アジア（　　）％　北米（　　）％　欧州（　　）％
　　その他（　　）地域（　　）％
6. 株式保有高の地域別分布はどうなっていますか.
　　国　内（　　）％　アジア（　　）％　北米（　　）％　欧州（　　）％
　　その他（　　）地域（　　）％

　回答へのご協力,誠に有り難うございました.なお,返信封筒を同封しておりますので,部分回答であっても投函下さいますよう,よろしくお願い致します.

日本語索引

（あ）

IRR 法 ……………………………… 116
IT 化の推進主体の所在 …………5, 9, 18
アプリケーション ……………………59

（い）

意思決定権 ………………………………3
意思決定権一般 …………………… 18, 21
意思決定権に関する位置関係 ………3, 11

（え）

NPV 法 ……………………………… 116

（お）

オペレーショナル・コントロール ……68
親会社 ………………………76, 81, 88, 105
親会社・海外子会社間の権限の位置関係
………………………………………3, 11
親会社・子会社関係 ……………………4
親会社派遣者 ……………………………5

（か）

海外子会社 …………………………1, 75, 105
海外子会社管理者の業績評価 …………77
海外子会社内部管理の IT 化 ……5, 18, 21
海外子会社業績指標 ……………………26
海外子会社の業績評価 …………………76
海外直接投資 …………………7, 35, 103
会計システム ……………………………63
外国税額控除 ………………………… 110
カイ 2 乗検定 …………………………89, 92

外部妥当性 ………………………………35
学習と成長の視点 ………7, 25, 78, 86, 91
加重平均資本コスト率 ……………32, 111
価値システム ……………………………6, 23
カットオフ・レート ………………… 116
貨幣の時間価値 ……………………… 116
簡便性 ……………………………………47
管理会計 …………………………………18
管理的・業務的意思決定 ………………4, 10
管理的・業務的意思決定権 ……………11
管理的・業務的意思決定権一般 ………9

（き）

企業内取引 ……………………… 40, 44, 49
危険率 ……………………………………11
帰無仮説 ………………… 11, 13, 16, 21, 26
キャッシュフロー …………………8, 32, 116
給与管理 …………………………………19
給与管理システム ………………………69
業績指標 ……………………………76, 81
業績指標の選択 …………………………6, 22
業績評価 ……………… 40, 47, 75, 76, 81, 82
競争力確保 …………………………47, 49

（く）

国レベルの文化 …………………………5
クラスカル・ワーリス検定のH検定 …37
クロス表 ………………… 26, 27, 31, 37, 89

（け）

経験的データ ……………………………8, 11
原価基準 …………………………… 15, 41

研究ドメイン··· 2
研究課題··· 3
権限の位置関係··································· 2, 10

（こ）

コア・コンピタンス·································· 54
交渉価格··· 41
構成概念··· 4
顧客の視点··················· 7, 23, 78, 83, 91, 95
国際移転価格······································· 2, 39
国際移転価格設定権································· 17
国際移転価格設定主体の所在····················· 5
国際移転価格の設定······························ 5, 14
国際移転価格の設定権の位置関係··············· 5
国際会計基準··· 66
国際資本予算························· 2, 7, 30, 103
国内資本予算·· 114
コストダウン·· 67
コンプライアンス··································· 16

（さ）

最適事業ポートフォリオ····················· 7, 30
財務会計··· 18
財務的指標······················· 7, 27, 29, 75, 77, 97
財務の視点················· 7, 23, 78, 82, 90, 95
サプライ・チェーン··························· 14, 23

（し）

市価基準··· 15, 41
資金繰り··· 40, 47
資金封鎖··· 117
自主的決定権··· 3
質問票································· 9, 79, 113
資本コスト·· 8, 32
順位表··· 26
順序データ····································· 16, 21

状況適合理論······························ 2, 3, 35, 36
状況要因·· 21, 35
正味現在価値······································· 105
正味現在価値法····································· 116
所在地··· 9, 10, 13
指令価格··· 41
人事管理··· 18, 19

（す）

ステレオタイプ·· 4
スピアマンの順位相関係数の検定
·································· 17, 21, 27, 36, 90

（せ）

生産管理··· 61
生産管理システム··································· 69
生産システム·· 69
税法その他諸法令······························ 47, 48
設定過程··· 40
設定基準··· 40
設定方法··· 40
全社利益の最大化······························ 47, 48
戦略的意思決定·· 4
戦略的意思決定権······························ 10, 11
戦略的意思決定権一般··············· 5, 9, 14, 16

（そ）

相関関係··· 90
相関係数································· 17, 36, 90
組織構造··· 55

（た）

ターミナル・バリュー······················ 105, 108
対応サンプルの t-検定····· 12, 13, 14, 19,
　　　　　　　　　20, 23, 24, 25, 82, 84, 85, 87, 95
対立仮説····························· 11, 13, 16, 21, 26

多国籍企業 …………………… 1, 75, 76, 103

(て)

DCF 法 ……………………………… 7, 116

(と)

踏査型研究 ………………………… 2, 16
踏査型経験的研究 ……………………… 8
投資決定法 ……………………… 3, 7, 30
独立企業間関係 ……………………… 15
共食い現象 …………………………… 112

(な)

内部業務プロセスの視点
　………………… 7, 24, 78, 85, 91, 95
内部妥当性 …………………………… 35
内部利益率 …………………………… 105
内部利益率法 ………………………… 116

(の)

ノウハウ ……………………………… 61
ノン・パラメトリック検定 ……… 17, 36

(は)

ハードル・レート …………………… 116

(ひ)

ピアソンの相関係数の検定 ……… 36, 90
BSC ……………………………… 75, 77
BSC の導入状況 ……… 25, 27, 78, 88, 92
非財務的指標 ……… 7, 27, 29, 76, 77, 97
費用便益分析 ………………………… 33

(ふ)

物理的・地理的近接性 ……………… 36
プロセス・マネジメント …………… 55
文化的近接性 ………………………… 36

(へ)

平均ランク ……………………… 26, 28
平均値 ……………………… 82, 83, 85, 86

(ほ)

ポートフォリオ理論 ……… 31, 37, 115
本国派遣者 …………………………… 5
本社 ……………………………… 3, 76, 104

(ま)

マネジメント・コントロール ……… 67
マルコムボルドリッジ賞 …………… 54

(み)

見積キャッシュフロー ……………… 8, 31

(ゆ)

有意水準 ……………………… 11, 85, 95
有意性の検定 ………………………… 11

(り)

両側検定 ……………………………… 11

(わ)

割引キャッシュフロー法 …… 6, 7, 31, 116

外国語索引

(A)

alternative hypothesis ……………11
autonomy ……………………………3

(B)

Balanced Scorecard ………… 7, 23, 75
blocked funds ……………………117
BPR …………………………………66
BSC ……………………………7, 23, 75, 77

(C)

compliance …………………………16
cannibalization …………………112
constructs …………………………4
contingency theory ……………2, 36
contingent factors ………………22
coordinated decentralization ………3
corporate social responsibility …16
cost/benefit analysis ……………33
CRM …………………………………56
CSR …………………………………16
cultural proximity ………………36
cut-off rate ……………………116

(D)

discount cash flow method ……7, 116
domestic capital budgeting ……114

(E)

EDI …………………………………56
ERP …………………………6, 56, 57

(F)

expatriates …………………………5
exploratory empirical studies ……8
exploratory studies ………………2
external validity ………………35

(F)

foreign direct investment ……103
foreign tax credit ……………110

(G)

generalization …………………35

(H)

headquarters ………………………3
hierarchical structure ……………3
hurdle rate ……………………116

(I)

internal rate of return …………105
internal rate of return method …116
internal validity ………………35
international capital budgeting …3, 103
international transfer pricing ……2
IT …………………………………53

(K)

Kruskal-Wallis test ………………37

(L)

level of delegations ………………4
Likert 5 point scale ……9, 17, 21, 23
locus of decision makings ………3, 11

(M)

MNEs ··· 1, 75, 103
MRP ·· 58
multinational enterprises ·········· 1, 75, 103

(N)

national culture ································· 5
net present value ··························· 105
net present value method ··············· 116
null hypothesis ······························· 11

(O)

overseas subsidiaries ························ 75

(P)

Pearson's correlation coefficient test ··36
perception ··· 9
performance evaluation ···················· 75

(R)

physical and geographical proximity ··36
portfolio theory ······························· 115

(R)

research questions ···························· 1

(S)

SCM ·· 56
Spearman's correlation coefficient by rank test ····································· 17, 36
SPSS ··· 66

(T)

terminal value ························· 105, 108
time value of money ······················ 116

(W)

WACC ····································· 32, 116
weighted average cost of capital ···32, 116

日本管理会計学会　企業調査研究委員会本部

監修・編集の方針と基準

　企業調査研究委員会本部（以下，「本部」という．）は，その出版物が日本管理会計学会が出版する書物として相応しい質の水準を保持するため，かつ，本事業の継続性を維持するために，以下の基準を定める．

1. 出版を企画し希望する専門委員会は，企画着手の段階で，次の事項を記載した企画書を添えて，本部に出版企画案を申請する（書式は自由）．
    (1) 専門委員会名
    (2) 委員長名
    (3) 共著者名
    (4) 著書名
    (5) 総頁数
    (6) 著書の趣旨と具体的な企画内容
    (7) その他特徴と特記事項
2. 本部は直ちに，当該申請に応じて監修・編集委員会を編成し，この方針と基準にもとづき監修・編集・査読の観点から前項の申請書を，次の事項が示す基準その趣旨に照らし検討のうえ，その出版の可否を決定し，結果を通知する．
    (1) 出版物が実用的な方法，手続き等（またはその基礎理論）の提案を行うものであること．または
    (2) 企業または経営の現実の諸問題に対する検討と解答（またはその示唆）を示すものであること．または
    (3) その他，企業または経営に将来起こりうる諸問題を現実的，実用的に検討するものであること．または
    (4) 上記(1)，(2)，(3)の実証的研究ないし経験的研究であること．
3. 本部もしくは本部監修・編集委員会は，この方針と基準にもとづき出版企画案の修正，改善，変更等を求めることができる．
4. 監修・編集委員会は本部委員長，同副委員長，その他常任の1名以上の

本部委員，税務経理協会から1名，印刷会社から1名により構成される．
5. 本部は，出版企画案にもとづく投稿原稿を2名の査読者によるレフェリーを経て出版物とするものとする． 　　　　　以上

〈執筆者紹介：ABOUT THE CONTRIBUTORS〉

椎葉　淳（Atsushi Shiiba）

　［略　歴］
　1972年　兵庫県に生まれる
　1997年　大阪大学大学院経済学研究科博士前期課程修了
　2000年　大阪大学大学院経済学研究科博士後期課程単位取得退学
　2000年　追手門学院大学経営学部専任講師
　2003年　博士（経済学）（大阪大学）
　現　在　大阪大学大学院経済学研究科准教授
　［主要論文］　「費用削減投資と指令振替価格」（『管理会計学』第11巻第1号，2003年），「振替価格研究の展開―不完備契約理論アプローチ―」（『會計』第162巻第4号，2002年）
　［専門領域］　会計理論

長坂悦敬（Yoshiyuki Nagasaka）

　［略　歴］
　1958年　奈良県に生まれる
　1983年　大阪大学大学院工学研究科博士前期課程修了
　1983年～1994年　コマツ　生産技術研究所に勤務
　1987年～1989年　University of British Columbia 客員研究員
　1992年　博士（工学）（大阪大学第10306号）
　1994年　大阪産業大学経営学部専任講師，その後，助教授を経て，
　2001年　甲南大学経営学部助教授
　現　在　甲南大学経営学部教授
　［著　書］　『生産企画論』（学術図書出版社，2001年），『原価計算の基礎―理論と計算―』（共著，税務経理協会，2003年）
　［主要論文］　「日本企業のプロセス・マネジメントの実態」，（『企業会計』57（5），2005年）「省エネ運転管理システムの開発―実態調査からのアプローチ―」（『日本物流学会誌』第12号，2004年）
　［専門領域］　管理会計論，原価計算論，IT

朝倉 洋子（Yoko Asakura）
　　［略　歴］
　　1974年　広島県に生まれる
　　1997年　関西学院大学商学部卒業
　　1999年　関西学院大学大学院商学研究科博士課程前期課程修了
　　2002年　関西学院大学大学院商学研究科博士課程後期課程単位取得満期退学
　　現　在　大阪国際大学経営情報学部准教授
　　［主要論文］「多国籍企業における業績評価に関する一考察」（『産研論集』（関西学院大学）第28号，2001年），「多国籍企業における業績評価―EVA$^®$ とバランスト・スコアカードの統合に向けて―」（『国際研究論叢』（大阪国際大学）第18巻第1号，2004年）
　　［専門領域］　管理会計論，原価計算論

杉山 善浩（Yoshihiro Sugiyama）
　　［略　歴］
　　1961年　大阪府に生まれる
　　1985年　大阪大学経済学部卒業
　　1987年　大阪大学大学院経済学研究科博士前期課程修了
　　1987年　神戸商科大学商経学部助手，その後，専任講師，助教授を経て，
　　2003年　神戸商科大学商経学部教授
　　2004年　博士（経営学）（神戸大学）
　　2004年　兵庫県立大学経営学部教授
　　現　在　甲南大学経営学部教授
　　［著　　書］『投資効率を高める資本予算』（中央経済社，2002年），『原価計算の基礎―理論と計算―』（共著，税務経理協会，2003年）
　　［主要論文］「IT 投資の評価における BSC 援用アプローチの有用性」（『産業経理』第63巻第1号，2003年），「伝統的投資評価技法の限界とその克服―BSC モデルの提唱―」（『會計』第164巻第2号，2003年）
　　［専門領域］　管理会計論，原価計算論，資本予算論

〈編著者紹介：ABOUT THE EDITOR〉

上埜　進（Susumu Ueno）

［略　歴］
1946年　富山県高岡市に生まれる。
1969年に富山大学経済学部を卒業後，日本勧業銀行などを経てアメリカに留学（1984-1989）
1986年　MBA 取得（経営学修士，University of Maryland, College Park）
1991年　DBA 取得（経営学博士，Southern Illinois University, Carbondale）
2002年　Visiting Research Professor, University of Nebraska, Lincoln
現　在　甲南大学会計大学院教授，日本管理会計学会常務理事・関西中部部会長，日本会計研究学会評議員

［著　　書］　『管理会計―価値創出をめざして―』（税務経理協会，第3版2007年：第2版2004年：初版2001年），『日米企業の予算管理―比較文化論的アプローチ―』（森山書店，増補版1997年：初版1993年），他に共著・分担執筆多数

［訳　　書］　『行動会計学の基礎理論：人間的要因と会計』（訳者代表，同文館，1992年）など

［主要論文］　「会計学の研究方法とパースペクティブ」（『會計』第164巻5号），「The Influence of Culture on Budget Control Practices in the U. S. A. and Japan : An Empirical Study」（Journal of International Business Studies, Vol. 23, No. 4）

［専門領域］　管理会計論，原価計算論，簿記・会計学，研究方法論

日本の多国籍企業の管理会計実務
――郵便質問票調査からの知見――

平成19年6月15日　発行

編著者　　上　埜　　　進

発　行　　日 本 管 理 会 計 学 会
　　　　　　　企業調査研究委員会本部

発　売　　（株）税 務 経 理 協 会
〒161-0033　東京都新宿区下落合2丁目5番13号
電話　(03) 3953-3301 ［編集部］
FAX　(03) 3565-3391
URL http://www.zeikei.co.jp/
印刷・製本　（株）冨山房インターナショナル

© 上埜　進 2007　　　　　　　　　　Printed in Japan
本書の内容の一部または全部を無断で複写複製（コピー）することは，法律で認められた場合を除き，著者および出版社の権利侵害となりますので，コピーの必要がある場合は，予め当社あて許諾を求めて下さい。

ISBN 978-4-419-07005-2　C1063